Quesos EN UNA HORA

Quesos
EN UNA
HORA

Queso ricotta, mozzarella, de cabra, paneer
e incluso burrata: ¡quesos frescos y sencillos
que puedes hacer en una hora o menos!

CLAUDIA LUCERO

EDICIONES OBELISCO

Si este libro le ha interesado y desea que le mantengamos informado de nuestras publicaciones, escríbanos indicándonos qué temas son de su interés (Astrología, Autoayuda, Ciencias Ocultas, Artes Marciales, Naturismo, Espiritualidad, Tradición...) y gustosamente le complaceremos.

Puede consultar nuestro catálogo en www.edicionesobelisco.com

Los editores no han comprobado la eficacia ni el resultado de las recetas, productos, fórmulas técnicas, ejercicios o similares contenidos en este libro. Instan a los lectores a consultar al médico o especialista de la salud ante cualquier duda que surja. No asumen, por lo tanto, responsabilidad alguna en cuanto a su utilización ni realizan asesoramiento al respecto.

Colección Salud y Vida Natural
Quesos en una hora
Claudia Lucero

1.ª edición: septiembre de 2016

Título original: *One-Hour Cheeses*

Traducción: *Joana Delgado*
Corrección: *Sara Moreno*
Maquetación: Juan Bejarano
Diseño interior y cubierta: *Sarah Smith*
Fotografías de *Matthew Benson*
Proceso fotográfico © Jeff Norombaba
Fotografías adicionales de las páginas 111, 136, 160, 216 y 221 de Lucy Schaeffer
Todas las demás fotografías © fotolia

© 2014, Claudia Lucero
Publicado por acuerdo con Workman Publishing Company, NY, Estados Unidos
© 2016, Ediciones Obelisco, S. L.
(Reservados los derechos para la presente edición)

Edita: Ediciones Obelisco, S. L.
Pere IV, 78 (Edif. Pedro IV) 3.ª planta, 5.ª puerta
08005 Barcelona - España
Tel. 93 309 85 25 - Fax 93 309 85 23
E-mail: info@edicionesobelisco.com

ISBN: 978-84-9111-106-1
Depósito Legal: B-6.350-2016

Printed in India

DEDICATORIA

Para Jeff:
¡Lo conseguimos, cariño! Ahora, descansemos un poco.

Y para nuestras sobrinas: Monique, Bianca y Jocelynn:
¡las mejores pinches de cocina!

ÍNDICE

---

* «Móctel» es un término resultante de la fusión de las palabras inglesas *mock* y *cocktail*, y su traducción sería algo así como una simulación de cocktail, es decir, un cóctel sin alcohol. *(N. de la T.)*

INTRODUCCIÓN

¿Quesos en una hora?, te preguntarás. ¿Es eso posible? Sí lo es, y en algunos casos en menos de una hora. Lo digo en serio: un queso fresco, listo para comer. Y aunque me gustaría estar ahí para sorprenderte, en realidad no es nada nuevo. Nuestra sociedad actual no es la única que ha necesitado organizarse con los horarios y preparar comidas rápidas. La humanidad lleva cientos de años haciendo quesos sencillos, y sin la ayuda de moldes elaborados, prensas y otros utensilios complejos.

Que muchos de los quesos tradicionales se pueden hacer de manera fácil y rápida no es algo que mucha gente sepa, sencillamente porque muchos de nosotros hemos perdido el contacto con los alimentos que tomamos y con sus orígenes en general. No hace tanto tiempo que nuestros antepasados horneaban a diario el pan, tenían siempre una cazuela con caldo hirviendo encima de los fogones y preparaban regularmente productos lácteos, como por ejemplo mantequilla casera. Hacer yogur y queso era necesario para conservar durante un tiempo la preciada leche y sus nutrientes.

Sabiendo que los seres humanos han hecho queso desde tiempos inmemoriales, antes de la electricidad, deseé aprender a hacer queso, y ahora deseo enseñároslo a todos vosotros.

MI APRENDIZAJE QUESERO

En mi época en el instituto trabajé sirviendo mesas en un restaurante indio de San Diego, California, y allí fue donde empezó todo. No trabajé allí mucho tiempo, pero en la temporada que estuve aprendí a hacer un delicioso paneer* casero. Sólo tenía diecisiete años, pero ya sabía algo de cocina y de otras manualidades un tanto pasadas de moda. Más tarde, me dediqué a otras actividades, pero lo de hacer queso lo seguí manteniendo hasta muchos años después.

En el 2006, Jeff, mi compañero, y yo nos mudamos a Portland, Oregón. Cansados de trabajar muchísimo para poder permitirnos un apartamento diminuto en una ciudad cara, y también de no poder pagar las becas de los estudios, decidimos buscar una vida mejor, más atendiendo a la calidad que a la cantidad. Empezar de nuevo. Queríamos comprarnos una casa con un poquito de terreno para poder cultivar unas cuantas verduras (en esa época llevaba cinco años leyendo sobre el tema en la revista *Organic Gardening* [Cultivo biológico], pero hasta no liquidar los préstamos de los estudios tuvimos que seguir viviendo en

---

* Queso fresco, cuajado, no curado y ácido, originario de la India. *(N. de la T.)*

Estirar la cuajada caliente puede ser hasta terapéutico, y el queso resultante, delicioso.

un apartamento. Incapaces de cultivar nuestros propios alimentos, nos inscribimos en una *farm share* (asociación agrícola sin ánimo de lucro) de veganos.

¡La aventura por fin había empezado! Cuando llegó el momento de recoger las remolachas y las judías verdes no sabíamos qué hacer con tanta producción, así que busqué información para hacer conservas en vinagre, chucrut y yogur en un sitio web que parecía un magazín poco activo sobre temas agrícolas, de granja y campo y, ávidamente, me sumergí en sus recetas, entre las cuales había métodos para hacer quesos. Me acordaba de aquel primer paneer, así que mi interés era enorme. El tiempo que teníamos en Portland, frío y lluvioso, era perfecto para cultivar mi nuevo *hobby*, de modo que me sentía impaciente por empezar, aunque la cosa era un tanto difícil.

Las recetas requerían unos ingredientes de los que no había oído hablar nunca y que no podía encontrar por la zona: cuajo, ácido cítrico y cloruro cálcico, además de utensilios como moldes, bambula y otras muchas cosas. Había diversos tipos de cuajo: animal, vegetal, líquido, en pastillas..., ¡madre mía! Todo ello era bastante abrumador, de modo que empecé con lo que me era más fácil: leche caliente y zumo de limón..., los fáciles inicios de mi viejo paneer. Hice

varias veces panner y eso me animó: ¡aquél era mi pasaporte al mundo del queso!

Si en aquel restaurante de mi juventud se hacía paneer a diario (algo que al principio me sorprendió), era razonable pensar que hacer otro tipo de quesos sería igualmente fácil. Además, el queso es un alimento muy antiguo, me decía para mis adentros. Tras buscar por todo Portland, de manera exhaustiva y decepcionante, provisiones y también talleres (la cosa ha cambiado muchísimo en los últimos años), empecé a probar con diferentes cosas que encontré en Internet y creé mis primeros y rústicos quesos.

Puesto que no quería esperar todo un año a descubrir si lo había hecho bien o no, opté por quesos que no requirieran un proceso largo de curación. Pasé del paneer al ricotta, la mozzarella, el queso blanco y el de cabra. Simplifiqué, mezclé y varié recetas a fin de amoldarlas a mis necesidades. Cada vez que era posible, reducía las recetas a 3 o 4 kilos y me saltaba los aditivos o los métodos que me parecían complicados. A veces los resultados eran sorprendentes (pero siempre comestibles), pero al poco tiempo empecé a aprender mucho y a hacer unos quesos increíblemente deliciosos con bastante frecuencia. Me es imposible explicar la emoción que sentí la primera vez que hice mozzarella, fui corriendo a buscar a Jeff para que viera la cuajada. Nos comimos toda la producción, caliente, en pocos minutos, nada más y nada menos que 700 gramos de una sentada. Ciertamente no se puede probar nada más suculento que la propia mozarella casera caliente.

Huelga decir que aquello era más emocionante, sabroso y rápido que hacer pasteles. ¡Bravo! ¡Me sentía como si fuera la primera persona que lo había descubierto y quisiera contarlo al mundo entero! Sin embargo, después de compartir los resultados de mi primer queso deforme con amigos y familiares, sentí un gran interés y también muchas dudas: *¿necesitaría una bodega? Pero la leche debía ser cruda, ¿no? ¡Uy,*

> **«El paneer fue mi pasaporte al mundo de los quesos... (después) del paneer pasé a especializarme en ricotta, mozzarella, queso blanco y de cabra».**

pero qué miedo lo de los hongos y las intoxicaciones alimentarias!

La idea general es que si algo es exquisito y poco común, *debe de ser difícil de hacer y también costar mucho tiempo, ¿no?* Yo tenía mis dudas y me venían a la cabeza un montón de preguntas. Hacer queso en casa era realmente una habilidad que se había perdido.

Me propuse cambiar la idea general sobre lo complicado que es hacer quesos enseñando a la gente a hacerlos de manera sencilla. Así fue como creé mi empresa de quesos caseros Urban Cheesecraft, y esa actividad me llevó a este punto, a escribir este libro para ti, lector.

ACERCA DE *QUESOS EN UNA HORA*

Si buscas información sobre quesos añejos, más complejos (tipo «quesos apestosos»), existen muchas fuentes, pero este libro no es una de ellas. Las recetas que encontrarás aquí son para hacer quesos sencillos y frescos, con un aspecto (y un aroma) delicioso, y además ofrecen muchísimas opciones para que puedas personalizarlas. Después de hacer estos quesos, aún te quedarán energías para montar «noches de pizza casera» o «jueves de tacos», unas formidables ocasiones para compartir tu exquisito queso casero. A

menos que desveles el secreto, nadie podrá decir que has hecho el queso en sólo una hora. Y como yo estoy por la tarea de reivindicar las habilidades perdidas, espero que *compartas* el «secreto».

Todas las técnicas de este libro se basan en métodos tradicionales: calentar la leche, añadirle coagulante, escurrirla, drenarla, añadirle sal y presionar la cuajada: de igual modo a como se ha venido haciendo hace ya cientos y cientos de años.

Basadas en esas técnicas tradicionales para elaborar queso, estas recetas son unas interpretaciones frescas y modernas de las ya clásicas. Todas provienen de muchísimos experimentos, algo que te animo a que hagas tan pronto te familiarices con las distintas técnicas. He sabido que los queseros son unos tipos curiosos por necesidad (¡después de todo, hacer queso es una ciencia *y* un arte!) que llevan creando y recreando diferentes tipos de quesos a través de toda

La leche de la cabra nutre a los cabritillos, ¡pero además hace unos quesos maravillosos!

la historia. Al igual que ellos, nosotros podemos inventar, jugar y crear, pues finalmente lo que hacemos no es otra cosa que conseguir que la leche dure más tiempo y deleitarnos en el proceso. No hay que darle más vueltas.

Bien, pues si después de todo esto estás conmigo pero aún te quedan ciertas dudas, prueba lo que digo: decídete y ponte ya mismo a hacer un poco de queso. No leas el resto del libro, detente, reúne unos sencillos útiles y sigue esta receta. Continúa leyen-

TU PRIMER QUESO EN 5 PASOS (DE 20 A 30 MINUTOS)

— PARA UNA RACIÓN DE 250 GRAMOS APROXIMADAMENTE* —

INGREDIENTES Y UTENSILIOS

Una cacerola o un cazo de 10 x 15 cm

Una espátula o un colador pequeño

1 bol

1 litro de leche fresca de cualquier tipo

30 ml de vinagre (de vino blanco o de manzana) o 30 ml de zumo de limón o de lima

¼ de cucharadita de sal (sal marina, sal maldon o la sal que uno prefiera)

Pimienta molida y las hierbas que uno desee (secas o frescas)

1 Vierte la leche en el cazo y ponla a calentar mientras le vas dando vueltas. Espera hasta que se forme espuma en los laterales del cazo, así como burbujas del fondo, sin que llegue a hervir.

2 Cuando veas las burbujas que hemos dicho, empieza a verter lentamente el vinagre (quizás no necesites todo) y remueve suavemente para que se mezcle bien hasta ver cómo se separa por una parte el cuajo (sólido) y por otra la sustancia líquida, el suero. A este proceso se le llama coagulación.

3 Cuando contemples la coagulación y el líquido ya no parezca leche entera, baja el fuego y remueve muy bien dejando que cueza unos dos minutos más.

4 Apaga el fuego y con la ayuda de la espátula o del colador recoge la parte cuajada y échala en

el bol, dejando en la cazuela todo el suero que puedas. Una vez tengas toda la cuajada en el bol, escurre el suero que haya podido quedar en él.

5 Añádele sal y pimienta (y también hierbas, si lo deseas), remuévelo todo bien y...

¡*Voilà*: HAS HECHO QUESO! Para ser más específicos, has hecho un queso fresco directamente acidificado. Quedará extraordinario desmenuzado en ensaladas, pizzas, tacos y platos de chili, o simplemente sobre una rebanada de pan crujiente y acompañado de unos tomates secos.

¿Y cuánto tiempo has empleado? Pues menos de una hora. Felicidades: esto es sólo el comienzo.

NOTA: con la leche semidesnatada se obtiene menos cantidad.

do una vez que hayas hecho una buena porción de queso fresco.

¿POR QUÉ HACERLO EN CASA SI PUEDES COMPRARLO?

Bien, ya has hecho queso por vez primera y tienes este libro en la mano, de modo que has podido apreciar la comida casera. Pero en el caso de que aún no te hayas dado cuenta de lo extraordinario que es fabricar tu propio queso, he pensado que lo mejor es enumerarte unas cuantas razones. Los alimentos que tomamos ahora no son los que comíamos hace cincuenta o cien años. Ahora tomamos más antibióticos, pesticidas y aditivos que en ningún otro momento de la historia.

Cada vez hay más personas que desarrollan intolerancias alimentarias, problemas digestivos y, más recientemente, las llamadas enfermedades autoinmunes. Y si bien se trata de un tema controvertido, no puedo por menos que pensar (las investigaciones realizadas lo demuestran) que nuestros alimentos y nuestro entorno están afectando a nuestra salud.

El queso, como otros alimentos, se produce de manera industrial, se fabrica con ingredientes baratos y a veces tóxicos. En cuanto a las ventajas que ello conlleva puede decirse que la industrialización ha hecho que el queso llegue a todo el mundo, pero las ganancias que genera son en detrimento de nuestra salud. Cuando uno produce su propio queso, puede elegir la calidad de la leche, incluso puede comprársela directamente al ganadero. Puede utilizar hierbas cultivadas por él mismo o comprarlas en establecimientos de productos biológicos; puede añadir diferentes sabores con sales ricas en minerales o no añadir nada de sal. Si se desea, y ésta es la parte divertida, pueden añadirse sabores atractivos como ralladura de limón o pimienta de cayena a fin de crear combinaciones personalizadas, imposibles de encontrar en las tiendas.

Por otra parte, si eres vegetariano, o si sólo digieres la leche de cabra o la leche cruda, puedes hacer una selección previa de ingredientes y fabricar un queso exclusivo, ajustado a tus gustos. Y si ello fuera poco, cabe pensar que no hay nada más local ni adecuado con el medio ambiente que fabricar un queso en la propia cocina (a menos que puedas ordeñar una vaca en la cocina, claro está). Si eres de los que intentan comer productos de temporada y apoyar a los granjeros de la zona, hacer tu propio queso es algo que también va en esa dirección. Sea cual sea la leche que compres, cuando haces tu propio queso te estás convirtiendo en un productor local. Estás contribuyendo a que haya un queso menos que tenga que ser importado de otro estado u otro país.

Hacer tu propio queso es divertido, es mejor para ti, mejor para la economía local y para el entrono, y mejor para tu agenda: ahora puedes fabricar queso en menos de una hora. ¿Qué más puedes pedir? Ah... ¿que además quieres que esté *rico*? Vamos a ello. Sigue leyendo...

Capítulo 1

PREPARA TU COCINA, TU DESPENSA Y TU MENTE

LA COCINA DEL FABRICANTE DE QUESOS EN UNA HORA

Cualquier actividad manual requiere sus propios utensilios, prácticas y trucos. Hacer queso en menos de una hora no es diferente, pero la buena noticia es que si controlas la compra, los utensilios y las «reglas» (por lo general mi lema es que los proyectos tienen que ser divertidos, flexibles y fáciles de atacar), tú también podrás hacerlo. De hecho, algunos de los consejos, como el de tener una despensa de plantas aromáticas, son muy placenteros. Sigue estas sencillas indicaciones y en nada de tiempo te habrás convertido en un loco fabricante de quesos.

Limpieza, pero sin volverse loco

En lo que se refiere a preparar el espacio del que dispones para hacer queso fresco, los parámetros son bastante más flexibles que si fueras a hacer queso añejo. Aun así, es importante empezar teniendo buenos hábitos, y con sólo seguir unas cuantas normas estarás en la buena onda.

1. *No hay que hacer de la lejía un ingrediente básico en la cocina.* Yo no la utilizo. Si sigues los siguientes consejos, no la necesitarás. En su lugar, haz una solución de vinagre blanco y agua a partes iguales y guárdala en un envase con un difusor de espray: usa esta mezcla como limpiador general, en tu encimera, antes de empezar a trabajar (si no te gusta el olor del vinagre, no te preocupes, se disipa enseguida).

2. *El acero inoxidable es tu aliado.* Evita usar los utensilios de plástico o de madera, pues pueden albergar bacterias en las pequeñas grietas.

3. *Utiliza paños de cocina nuevos.* Cuando hagas quesos, los paños tienen que estar limpios, no eches mano del paño de cocina para limpiar los platos de toda la semana (¡aunque huela bien!).

4. *Utiliza agua muy caliente.* La combinación de un detergente biodegradable, tipo jabón de Castilla (agua, sosa y aceite de oliva), y agua caliente es lo mejor para lavar el equipo de cocina, los utensilios y los moldes. Evita los detergentes que puedan dejar residuos químicos. Si utilizas un lavaplatos, el agua caliente y el vapor también te ayudarán a conseguir que te queden unos platos superlimpios, pero por la misma razón que he comentado anteriormente, usa un lavavajillas biodegradable.

Lista de utensilios

El hecho de que nuestras microrecetas requieran sólo 3 o 4 litros de leche facilita que puedan reunirse estos útiles en cocinas normales, ¡no necesitarás una cuba de 20 litros! Y si bien se trata de utensilios comunes, es importante saber el porqué hemos elegido cada uno. A lo largo del libro se utilizarán constantemente, de modo que, para garantizar el éxito, es importante leer bien la información que sigue.

La estameña o el paño de cocina de trama fina
La estameña encabeza la lista de utensilios porque es importante tener en cuenta que los paños que se encuentran en la mayoría de las tiendas –tejidos de trama gruesa– pueden echar a perder tu vida (de quesero, claro). Yo recomiendo echar mano de lo que

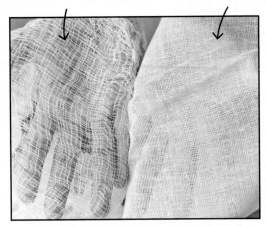

tros (como los de la carne), uno digital sencillo o uno de cristal (¡sin mercurio!), bastará. En las recetas las temperaturas son en grados centígrados (si bien en la mayoría de los termómetros las lecturas están en °F y en °C, en la página 249 encontrarás una práctica tabla de conversión). Si el termómetro es analógico (no digital), comprueba que:

- La escala sea de -18 °C a 104 °C; tú trabajarás en una escala de 27 °C a 93 °C.

- La escala de grados aumente cada 2 grados como mínimo.

se llama «muselina de mantequilla» o una estameña de trama 90 (90 hilos por pulgada cuadrada). O bien preferiría que usaras una funda de almohada, hervida, o un paño de cocina que no deje pelusa. Tu cuajada es inestimable, y no querrás perderla por las «rendijas». Necesitarás un pieza de tela de unos 40 o 45 centímetros, aproximadamente.

Termómetro

Puedes aprender a «leer la leche». Hay mucha gente que hace queso sin utilizar un termómetro (tocando, oliendo y observando: es bastante divertido). Sin embargo, cuando estás aprendiendo la ayuda de un termómetro es inestimable. No hace falta que sea de gama alta, uno metálico de unos 10 o 12 centíme-

Éstos son los requisitos básicos para el termómetro que necesitas. Claro está que puedes usar uno lujoso, programable con alarma y todo tipo de campanitas y pitidos. Funcionan también de maravilla. Pero evita los que funcionan con luces infrarrojas, pues la espuma de la leche altera la lectura del termómetro.

El horno microondas

Uno de los utensilios relativamente modernos que usamos para crear quesos extraordinarios en una hora es el horno microondas. Cualquier tamaño va bien (es decir, que el que tienes en tu cocina será perfecto). Lo usamos principalmente para calentar el suero de una manera rápida y constante. Para muchas rece-

tas no es absolutamente necesario el microondas –y si no tienes un microondas, en la página 144 aporto una manera alternativa de calentar el suero)–, pero es muy útil para hacer algunos quesos de tipo fundibles y viscosos (pág. 123). En estos casos el resultado sin microondas varía ligeramente (la elasticidad, por ejemplo, no es la misma) y se tarda un poco más en hacer el queso, pero el producto final es igualmente exquisito.

Las ollas y cazuelas

Una buena cazuela, de calidad, es imprescindible en cualquier cocina, y especialmente útil cuando se trata de hacer queso casero. Si tienes la suerte de tener de varios tipos, o estás pensando en comprar una, elije una de acero inoxidable, esmaltada o de cristal, pues son las mejores para hacer queso. Sea cual sea la que elijas, opta por una que tenga una base gruesa, pues las delgadas tienden a hacer que la leche se pegue (y luego tienes que restregar, restregar y restregar, eso si salvas la cazuela).

Evita las ollas viejas de aluminio o las de hierro fundido, pues los ácidos que se usan en la elaboración del queso pueden corroer esos metales y dar al queso un desagradable sabor metálico. Las que son de hierro fundido o de aluminio con base esmaltada o antiadherente van bien, pues los metales no están

en contacto con la leche ni los ácidos. Como he comentado anteriormente, una cazuela grande te irá bien para todas las recetas del libro, pero tener además una pequeña, de 2 o 3 litros, para hacer pequeñas cantidades de Fromage Facile (queso fácil, pág. 43), te será útil.

El colador

Un escurridor grande, un tamizador o un colador para 3 o 4 litros de suero es imprescindible, la típica medida que se usa para lavar las verduras es suficiente. Los mejores son, una vez más, los de acero inoxidable o los esmaltados, debido a los ingredientes que vas a utilizar (los ácidos de la elaboración de queso pueden correr el aluminio), pero los de plástico también van bien.

Cuencos grandes, vasos y cucharas medidoras

Los cuencos grandes, los vasos y cucharas medidoras y los utensilios para medir son especialmente prácticos para el aspirante a quesero. Para lo que nece-

sitamos, los vasos o tazas medidoras para líquidos y sólidos pueden utilizarse indistintamente, pues la diferencia entre ellos, para las medidas con las que trabajamos, es irrelevante. En estos utensilios, el material del que estén hechos no es importante, pero a la hora de limpiarlos son mejores los de cristal y los de acero inoxidable.

A veces, la receta pide calentar leche o suero en el horno microondas, y para ello es imprescindible contar con un bol apto para el microondas, aunque también servirá un bol de cristal grande o una cazuela de cristal rectangular. También será necesario un bol resistente al calor (el acero inoxidable va bien) para recoger el suero. Tendrás que asegurarte de que el bol sea lo suficientemente grande para que cuando eches en él la leche cuajada no se derrame el suero. Y, finalmente, te será muy útil tener un recipiente grande para los baños con hielo (*véase* pág. 18).

Las cucharas, las espumaderas y las varillas

Llegarás a tener tus utensilios favoritos, pero está bien que cuentes con unos cuantos más para usar sobre la marcha. De todos los que ves en la fotografía, los que utilizo con más frecuencia son la espumadera y la varilla. En última instancia, lo que más cuenta a la hora de seleccionar una herramienta de trabajo es 1) el tamaño de la mano y que sea cómodo de sujetar, y 2) el tipo de queso que vayas a hacer y el procedimiento que te indica la receta (remover, cortar o sacar la leche cuajada). Los de acero inoxidable son los mejores (como ya he indicado), pero también puedes usar los de bambú, de madera o de plástico (¡limpiándolos bien!).

Los moldes

Los moldes de queso profesionales (básicamente, copas o tazas blancas con agujeritos o ranuras) son fantásticos —y ya hablaremos de ellos detenidamente—, pero una vez avezado a hacer y moldear quesos, utilizarás cualquier utensilio de tu cocina según la forma que quieras darle al queso. Puedes usar el recipiente del yogur que te has tomado para desayunar haciendo unos agujeritos, o quizás no, dependerá de la consistencia que desees que tenga el queso. ¿Y los moldes de hacer pasteles o tartas? ¿Y las bandejitas de silicona de los cubitos de hielo? Los moldes para galletas, los de arroz para el sushi, las tazas de café, los cuencos pequeños, los de las tartaletas, los de hacer

¡CON LOS MOLDES METÁLICOS PARA MAGDALENAS QUEDAN UNOS QUESITOS MUY MONOS!

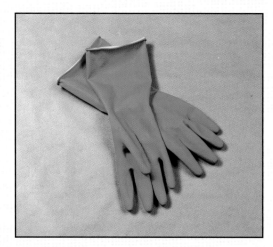

pan o las tazas para medir, todos te pueden funcionar magníficamente bien.

En realidad, cualquier recipiente para guardar comida puede ir bien. El papel de pergamino o encerado también es muy práctico, ya sea usándolo para forrar cualquier molde, para extraer bien la elaboración, para enrollar, girar u ovillar el queso, o simplemente para usarlo como superficie de trabajo. En la página 184 encontrarás información de utensilios para moldear y dar forma a los quesos.

Los guantes

Aunque tus manos, tal cual, bien limpias, te irán muy bien, unos buenos guantes te ayudarán a mantener el queso impoluto mientras trabajas en él. Lo más frecuente será que los utilices para protegerte del calor a la hora de dar forma o escurrir el queso. Cuanto más quesos hagas, más se acostumbrarán tus dedos al proceso y más fácil te será evaluar si puedes sumergir las manos desnudas en el suero caliente.

Consejo: Con un rotulador permanente escribe en los guantes la palabra «queso», de este modo no te equivocarás y los usarás para fregar la bañera.

Mantenimiento

Para que te sea todo más sencillo, sigue estos consejos sobre cómo mantener los ingredientes y el equipo de cocina en perfecto orden y en buen estado.

1. Tras su uso, sumerge cualquier utensilio que haya estado en contacto con la leche en un recipiente grande con agua caliente, y después lávalo con agua jabonosa bien caliente.

2. Puedes volver a utilizar la estameña las veces que quieras si después de usarla la introduces en agua fría y luego la enjuagas muy bien. Una vez libre de cuajo, lávala a mano con agua caliente y jabón o enjuágala muy bien, después tiéndela para que se seque, y, por último añádela a la próxima colada de ropa de cocina que hagas.

3. Si se han quedado pegados restos de cuajada en el fondo de una cazuela, espolvoréalos con sal gruesa o sal en escamas y restriégalos con una esponja. A mí este método me funciona mejor que cualquier otro producto.

LA DESPENSA DEL FABRICANTE DE QUESOS EN UNA HORA

Los siguientes ingredientes serán los únicos que necesitarás para hacer cualquiera de los quesos de este libro, ¡y muchos más! Puedes proveer tu despensa con ellos a medida que los vayas necesitando, o bien de una sola vez. La mayoría de ellos son imperecederos, por lo que tenerlos a mano te permitirá hacer queso cada vez que te aparezca la inspiración (o el hambre).

Los ingredientes básicos

ÁCIDOS

Los ácidos son pieza clave en la despensa de cualquier fabricante de quesos en una hora, pues son los que desencadenan el proceso de transformar la leche en queso. Es útil tener a mano una variedad de ellos, pero los puedes ir adquiriendo a medida que vayas probando a hacer las diferentes recetas. Apostaría a que ya tienes uno o dos en casa.

Vinagres Yo en el estante de mi cocina tengo vinagre de vino blanco, vinagre de sidra (crudo o no) y vinagre destilado. Y tú puedes probar con otros. Pero es importante tener en cuenta que cada vinagre tiene una acidez distinta, y que cada uno de ellos influirá ligeramente en el sabor del queso. Algunos te gustarán más que otros, pero si alguna vez encuentras que el sabor es demasiado fuerte, enjuaga bien la cuajada con agua templada y escúrrela después.

Cítricos El zumo de limón fresco, el embotellado y el zumo de lima son básicos, aunque puedes jugar con otras opciones como el zumo de kumquat (quinoto o naranjas enanas), calamondina o limones meyer (ricotta con limón meyer, pág. 35). Al igual que el vinagre, cada cítrico varía en acidez y aporta un sabor diferente.

Ácido cítrico Es un conservante natural que se encuentra en los limones, las limas y otras frutas cítricas, se vende en forma de sal y su aspecto es blanco y granulado (a veces se etiqueta como «sal ácida», y se utiliza para recubrir golosinas). Podrás encontrarlo en tiendas de alimentación, en la página 248 encontrarás otros lugares dónde comprarlo).

SALES

Si bien puede parecer que la sal es un ingrediente sin grandes sorpresas, lo cierto es que el contenido en sodio y otros elementos (como los aditivos) hacen que varíe de un tipo a otro.

Sal fina y sal en escamas Yo recomiendo la sal fina y la sal en escamas, pero sobre todo las sales puras –la sal tipo kosher o la sal de queso–, para dar sabor, pues se disuelven muy fácilmente en la cuajada. También va bien la sal para hacer encurtidos o la sal común, pero hay que reducir en un cuarto la cantidad requerida (y después rectificar el sabor cuando el queso está en la fase de escurrido), pues a igual cantidad, la sal muy fina tiene mucho más volumen de sal.

Antes de utilizarla, lee la etiqueta para asegurarte de que no contiene sustancias antiapelmazantes. ¡Te sorprenderían los ingredientes que puedes encontrar en la etiqueta de un producto alimentario!

Sales texturizadas Hay sales finas texturizadas que aportan sabores o colores especiales y puedes usarlas para tus quesos caseros.

CUAJOS

El cuajo es un conjunto de enzimas de origen animal, vegetal o microbiano que contribuyen al proceso de coagulación del queso.

Cuajo de origen vegetal en tabletas En las recetas de este libro yo utilizo exclusivamente cuajo en tabletas, son fáciles de racionar, de almacenar (¡hay que guardarlas en la nevera!), y como su nombre indica, los vegetarianos pueden comer el queso resultante. Es fácil conseguirlas en Internet (*véase* pág. 248) y también en las tiendas locales (busca en los estantes de productos para hacer queso). Las marcas que yo utilizo son Danisco, Marschall o Fromase.

> ## ¡CONSEJO PRÁCTICO!
> Es bueno contar con un cortapastillas, de venta en muchas farmacias; es un utensilio barato y excelente para cortar las tabletas de cuajo.

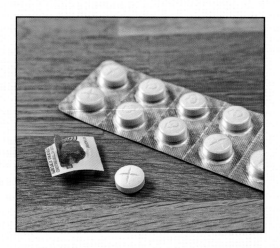

Cuajo de origen animal, líquido o en tabletas El cuajo de origen animal puede encontrarse en forma líquida o bien en tabletas. Para un éxito asegurado de estas recetas, te animo a que uses las tabletas vegetarianas que recomiendo. Las medidas varían según el tipo de cuajo, evita el cuajo en tabletas de origen animal que se venden en la sección de las gelatinas de las tiendas de alimentos, son apropiadas para hacer cremas o natillas pero no para hacer quesos.

HIERBAS Y ESPECIAS

A fin de personalizar tus quesos, ten a mano unas cuantas hierbas secas y especias. Hay elementos básicos como la pimienta negra, el chili, la paprika ahumada, el eneldo, el cebollino, el tomillo y las hierbas italianas. Cuantos más tengas, más podrás experimentar con tus quesos en cuanto a sabor y aspecto se refiere. En la actualidad hay muchas marcas que ofrecen combinaciones libres de aditivos, de modo que puedes crear fácilmente sabores más complejos (la pimienta en grano de colores, la pimienta de ajo y limón y una mezcla de chili mexicano son mis especias favoritas). Compra las hierbas frescas de temporada, o mejor aún: ¡cultívalas tú! Consigue algunas semillas o esquejes y crea tu propio jardín de hierbas aromáticas. Yo, antes de tener jardín, tenía plantada dentro de casa una maceta de ajos tiernos. Sólo tienes que plantar un par de dientes de ajo en una maceta y mantenerlos húmedos. En pocos días verás cómo despuntan y tendrás ajos tiernos en casa todo el año.

LECHE

No toda la leche se produce siguiendo el mismo procedimiento. A la hora de elegir un tipo de leche para hacer tu queso, éstas son las dos cosas más importantes a tener en cuenta:

1. Cuanto menos manipulada esté la leche, más fácil será tu experiencia como quesero. (La leche menos manipulada es la cruda).

2. Cuanto más cerca de tu casa esté el productor de leche, mejor, pues lo idóneo es que no haya sido sometida a ningún proceso para su transporte y almacenamiento.

¿Que no tienes una vaca en el jardín? No te preocupes, la mayoría de nosotros, tampoco. Todas las recetas del libro pueden hacerse con leche entera y pasteurizada (siempre que no sea ultrapasteurizada irá bien).

Aunque a mí me han funcionado todas las marcas de leche que he probado, algunas hacen el proceso de coagulación más fácil que otras (por ejemplo: una cuajada más sólida y más elástica) y la primera vez consigues unos quesos más cerca del resultado artesanal ideal.

En todas las recetas indico cuál es la leche idónea (contenido graso, de vaca o de cabra, y cosas así), pero todas son fáciles de sustituir en la lista de ingredientes. Lee los consejos sobre la leche que te irá mejor en cada receta. Ten en cuenta lo que te indican las etiquetas de la leche.

Leche ultrapasteurizada Este tipo de leche ha sido sometida a una temperatura mayor que la de la leche pasteurizada; generalmente a 137,7 °C durante dos segundos. En caso necesario puede utilizarse para hacer un queso ácido como el ricotta con limón meyer, pero no se puede usar para hacer quesos con cuajada hilada (como el de mi mozzarella favorita o la pizza hilada). Si bien la pasteurización estándar es suficiente para evitar que la leche se «deteriore», la ultrapasteurización alarga la vida de la leche de dieciocho a sesenta días. En el proceso de producción del queso, la ultrapasteurización produce una cuajada más floja, pues en ella se han eliminado, junto a las malas, todas las bacterias buenas, y las proteínas de la leche y del calcio se han debilitado. Si ves que la mozarrella que has hecho parece desplomarse como una ricotta, puede que el problema sea la leche ultrapasteurizada. Las etiquetas no siempre son claras y no aparecen en un lugar bien visible: mira por todas partes a ver si encuentras las letras UP, UHP o ultrapasteurizada y huye de ellas.

Leche biológica Comprar productos biológicos es por lo general lo mejor que uno puede hacer cuando compra alimentos, pero no creas que todas las leches de cultivo bío son buenas para hacer queso. Lamentablemente, incluso las marcas bío practican la ultrapasteurización para que su leche pueda soportar transportes largos y duren mucho en los estantes de las tiendas. Como he comentado anteriormente, la ultrapasteurización altera la estructura de la leche, y nosotros necesitamos algo que sea natural para trabajar. Busca más allá de la etiqueta «biológica» y no te detengas en la de «natural», pues ninguna de ellas está en absoluto bien regulada.

Leche de pastoreo No hay que confundirla con leche pasteurizada, leche de pastoreo significa que las vacas has pastado en los prados (en vez de comer soja y maíz, que es lo que hacen la mayoría de las vacas de las granjas). Serás muy afortunado si puedes encontrar una leche así, pues dejando de lado las pequeñas granjas independientes, es muy difícil encontrar leche comercial de esas características.

NOTA ACERCA DE LA LECHE CRUDA

La Asociación Americana de Pediatría advierte que niños, bebés, embarazadas y madres lactantes no deben consumir productos lácteos crudos o no pasteurizados, pues pueden contener bacterias dañinas. Si estás en uno de esos grupos afectados, antes de consumir esos productos consúltalo con tu médico.

Leche cruda o no pasteurizada Esta leche no procesada se trasforma en queso más fácilmente y es mi favorita para trabajar, pues las bacterias vivas, las enzimas, sus proteínas completas y el calcio contribuyen a la actividad del cuajo y de la coagulación, pero es importante tener en cuenta los riesgos de usar leche cruda y encontrar un proveedor seguro. Una granja, por ejemplo, no tiene por qué proporcionar mejor leche que una tienda de comestibles si resulta que la granja no sigue las prácticas sanitarias correctas o no mantiene a los animales en las debidas condiciones. Puede que vivas en un lugar donde se permite vender leche cruda en las tiendas de comestibles, pero si no es así, puedes comprarla directamente en una granja pequeña en la que sí esté permitido.

Leche pasteurizada no homogeneizada En mi país de las maravillas queseras se puede comprar leche cruda en todas partes, pero otro tipo de leche que me gustaría que se pudiera comprar en cualquier tienda es la leche no homogeneizada. Como sucede con la leche cruda, la nata se separa de la leche dejando una clara línea entre la crema y la leche. La única diferencia entre esta leche y la leche cruda es que ha sido ligeramente pasteurizada. ¡Búscala en las tiendas de alimentación que frecuentas!

Leche pasteurizada y homogeneizada Esta leche es la que se encuentra más fácilmente en la mayoría de las tiendas y supermercados. Generalmente, la leche pasteurizada ha sido sometida a una temperatura de 75 °C durante quince segundos. Este proceso destruye las bacterias patógenas que puede contener la leche, pero por desgracia altera también las bacterias beneficiosas y las enzimas que facilitan la coagulación de la leche. En la página 24 doy instrucciones de cómo pasteurizar ligeramente la leche cruda, si es que deseas hacerlo por ti mismo. En la leche homogeneizada no verás una línea clara entre la crema y la leche, como he señalado anteriormente, pues la grasa se mezcla con la leche de manera uniforme.

Suero de leche tradicional o cultivado Se encuentra generalmente en la sección de productos lácteos de la mayoría de los supermercados, y en realidad es leche de vaca semidesnatada con suero de cultivo añadido. Si lo pruebas, comprobarás que es fuerte y ácido, un poco parecido a la leche agria. Esas propiedades lo hacen idóneo para hacer Fromage Facile (queso fácil, pág. 43), requesón (queso cottage, pág. 57) y otras recetas. El suero de leche es diferente del que se obtiene cuando se hace mantequilla (pág. 236), este último puede utilizarse en las recetas de pan, bollos y crepes, o en las simples madalenas. Tiene un sabor delicioso y suave, pero no es ni ácido ni cultivado.

Nata La nata no es otra cosa que la grasa que se separa de la leche fresca no homogeneizada. También

¡A mejor leche, mejor queso!

se vende como nata entera, (y si no encuentras otra, incluso la nata ligera o la nata líquida te irá bien para nuestras recetas, siempre que no estén azucaradas ni contengan otros aditivos). En algunos lugares se encuentra cruda, y en general, pasteurizada y ultrapasteurizada. Intenta que sea cruda o simplemente pasteurizada, pero si no la encuentras, la ultrapasteurizada seguirá sirviendo para enriquecer algunas recetas como la burrata de mantequilla tostada (pág. 171).

Aunque te animo a que compres la mejor leche que puedas, también está bien que pruebes con una leche fácil de encontrar, porque si hace un buen queso, sabes que en última instancia siempre puedes recurrir a ella.

La ciencia (y la magia) básica de los quesos en una hora

Si eres un individuo analítico y no sólo te interesa hacer queso (¡y comértelo!), sino además saber qué es lo que sucede en el proceso, aquí tienes en pocas palabras el quid de la cuestión sobre los quesos frescos. He mantenido ex profeso un nivel de ciencia 1 para no asustar a nadie, pero si deseas más información al respecto, en la página 248 encontrarás un listado de libros con información sobre los quesos añejos. Mientras, éstos son los principales protagonistas y los elementos que participan en la elaboración básica del queso.

FUNCIÓN DE LOS INGREDIENTES CLAVE

Leche

La leche, la base de todos los procesos de la elaboración del queso, está constituida por agua, grasas, proteínas, bacterias, un azúcar denominado lactosa, minerales y otras sustancias. Si la leche no ha sido pasteurizada, contiene también lactosa, la enzima que ayuda a su digestión.

Ácido

Cuando se añade a la leche caliente una sustancia ácida, al resultado se le puede llamar coagulación, condensación, espesamiento, precipitación o cuajada. Yo suelo utilizar el término coagulación. Para hacer un queso en una hora, a mí me gusta acidificar la leche con vinagre y el zumo de algún cítrico. En algunos casos, dejo que el ácido por sí mismo produzca la textura que busco (la del queso de cabra fresco, por ejemplo, en pág. 75). En otros casos, el ácido contribuye al trabajo del cuajo y juntos producen un resultado completamente diferente (mi mozzarella favorita, pág. 137).

Si añadimos vinagre o el zumo de un cítrico, imitamos la acidificación que se produce espontáneamente, dejando la leche cruda fresca a temperatura ambiente durante unas cuantas horas. Las benéficas bacterias naturales de la leche se comen el azúcar (lactosa) y producen ácido láctico. Este ácido es el que confiere un sabor agrio, similar al yogur, y hace que se separe el suero de la cuajada, es como si la leche no tuviera otro remedio que convertirse en queso. (Claro está que en algún momento de la historia, los seres humanos observaron la tendencia de la leche a volverse ácida y cuajarse y a partir de ahí descubrieron diversas maneras de trasformar ese proceso y obtener de él una maravillosa ventaja).

Cuajo

El cuajo, ya sea de origen vegetal o animal, contiene unas enzimas que modifican las proteínas de la leche. Siguiendo la tradición de utilizar cualquier parte de los valiosos animales utilizados como alimento, el cuajo animal proviene del estómago de los rumiantes –de una cabra o de un ternero, por ejemplo–, los cuales tienen un sistema digestivo equipado con las enzimas necesarias para mantener y fermentar la leche de sus madres y poder asimilarla posteriormente. Hay una leyenda que explica cómo diablos se descubrieron las virtudes del cuajo animal. Un nómada trasportaba la leche en un odre hecho con la tripa de un ternero, pasado un tiempo y con la temperatura adecuada, la leche fermentó. El hombre, no queriendo desperdiciar la preciada leche, probó aquel líquido espeso, le encantó y vivió para contar el cuento. Mucho después, el descubrimiento nos llevó a experimentar más y el resultado fue la gran variedad de manjares lácteos que consumimos hoy día.

La predigestión que las enzimas del estómago del animal (la más abundante es la quimosina o rennina) producen, es lo que facilita que cambie la estructura de las proteínas de la leche para hacer queso. El cuajo animal se encuentra principalmente en forma líquida, aunque también se encuentra en pastillas, menos potentes. Para delicia de los vegetarianos y de la gente escrupulosa, también se puede cuajar la leche con enzimas vegetales presentes en plantas, como el cardo (para ser específicos, en los pistilos de la flor del cardo), una baya mexicana llamada trompilo, zumo

LOS AZÚCARES ACABAN EN -OSA; LAS ENZIMAS, EN -ASA.

de higo y otras. Puesto que estas formas pueden dar resultados impredecibles, el cuajo vegetal se consigue también ya elaborado en forma líquida o en pastillas. Como he comentado, yo suelo utilizar preferentemente el cuajo vegetal en pastillas, y en todas las recetas de quesos frescos del libro en las que se menciona «cuajo», se refiere a este tipo de cuajo (*véase* «Fuentes», pág. 248). Las enzimas del cuajo vegetal (fundamentalmente la *Rhizomucor miehei*) provienen de la familia de los hongos.

El cuajo vegetal en pastillas es muy conveniente y funciona muy bien para nuestros objetivos. A diferencia del cuajo de origen animal, o incluso el vegetal líquido, el cuajo vegetal en pastillas puede conservarse muy bien: ¡puede durar años en el frigorífico! Son fáciles de medir y de cortar, y también de usar (generalmente un cuarto para 3 o 4 litros de leche), pues ya vienen marcadas y se pueden proporcionar fácilmente con un cortapastillas, una herramienta genial y económica. Hay quien dice que este tipo de cuajo en pastillas le da un sabor amargo a los quesos añejos, pero eso no nos atañe en nuestros quesos hechos en una hora.

Sal

Salar la leche cuajada es otro paso importante en el proceso de elaboración del queso. La sal no sólo sazona bien el queso, sino que además le extrae humedad, lo cual es importante en cuanto a su textura y densidad. Es además un magnífico conservante, y en las condiciones adecuadas hace que una sustancia que previamente es altamente perecedera devenga un queso estable que no requiere refrigeración. En los quesos en una hora sólo usamos la sal para dar sabor y controlar la cantidad de suero que dejamos con la cuajada para su textura.

FACTORES IMPORTANTES

Los procesos siguientes no son complicados (sin duda, ya los has usado anteriormente para otras propuestas culinarias), pero ayudan a comprender qué papel juegan las diferentes acciones en la elaboración del queso, ya sea para corregir errores, ajustar texturas o incluso crear tus propias recetas de quesos.

Calor

El calor ayuda a realizar muchos de los pasos más importantes de la elaboración del queso. Contribuye a que las enzimas del cuajo transformen las proteínas de la leche para su coagulación; reduce la cuajada para que sea resistente y se pueda amasar y extender (como en el caso del queso oaxaca con chile chipotle y lima (pág. 161), y también contribuye a mejorar la textura del queso ayudando a conseguir el efecto fibroso del queso «chirriante» a la cerveza (pág. 113).

Inmersión en hielo

Sumergir la cuajada en agua con hielo ayuda a que se enfríe rápidamente. En el caso de la pizza hilada (pág. 151), introducir el queso en agua con hielo hace que éste quede redondeado (y no aplastado debido a su propio calor). Además, esta acción contribuye a conseguir el característico aspecto cremoso del requesón (queso cottage, pág. 57), el cual, sin el hielo, se parecería más al cremoso y uniforme queso ricotta.

Presión

Los quesos como el paneer con curry (pág. 67) y el queso de cabra fresco (pág. 75) requieren poca presión porque la idea es que sean quesos densos, compactos. La cuajada caliente y grumosa se compacta con un poco de presión para conseguir una textura más uniforme. Cuando la cuajada se enfría, queda firme y es más fácil de cortar y cocinar.

LA MENTE DEL FABRICANTE DE QUESOS EN UNA HORA

Existe cierto halo de misterio en torno al proceso de elaboración del queso, y hay gente que le tiene cierto respeto. Pero intenta dejar eso de lado y adopta una actitud divertida y abierta y date tiempo para aprender. En esta sección he incluido un poco de información práctica y algunas técnicas (las cuales me habría gustado tener cuando estaba aprendiendo) para que te sientas relajado antes de empezar a hacer tus primeros quesos.

Los primeros pasos

Si ya has superado el reto quesero de la página 4, es que ya has probado el sabor de la victoria. Hacer quesos puede ser emocionante una vez que ya te has puesto en marcha, pero si tienes problemas para empezar o para recuperarte de un resultado «sorprendente» –¿una ricotta seca o una mozzarella gomosa?–, consulta este apartado.

Cada una de las recetas de este libro está pensada para ser extraordinariamente fácil de hacer, pero aun así, hacer queso no deja de ser un oficio artesanal, y todos los oficios requieren práctica. Es posible que, incluso siguiendo los pasos de uno en uno, los resultados no sean los esperados. Lo bueno es que aun así probablemente tu queso seguirá estando delicioso y sólo necesites hacer un pequeño cambio la vez siguiente.

Lo cierto es que la diferencia entre un queso y otro puede estar simplemente en el cambio de un ingrediente o en una diferencia de temperatura de cinco grados, y ten en cuenta que incluso los queseros profesionales se encuentran con cosas así... ¡siempre!

Si te tropiezas con un resultado inesperado (ya sea relacionado con la textura o con el sabor), es probable que hayas creado un tipo de queso y hayas descubierto sin querer una receta no incluida en este libro. Te encontrarás en un territorio desconocido y te convertirás en pionero, un quesero autónomo. No es infrecuente que los profesionales descubran quesos nuevos por error. Tienes que sentirte orgulloso, no desanimarte y no ser duro contigo mismo. Mira la receta del falso cheddar ahumado de la página 103 y verás mi más magnífico «error» hasta el momento.

De modo que, por favor, antes de tirar la espumadera por los aires y decidir que eso de hacer queso no es para ti, mira la sección sobre problemas básicos, de la página 25, descubre qué fue lo que pasó y cómo solucionarlo la vez siguiente. ¡Sigue adelante, mi querido amante de los quesos! Lo conseguirás.

Trucos del oficio (guárdate un as en la manga)

Aquí tienes unos cuantos consejos y trucos que he aprendido a lo largo de años de investigación, y también de muchas pruebas y errores. A medida que vayas practicando, descubrirás tus propios trucos, y si descubres nuevos métodos ¡considérate un experto!

CALENTAR LA LECHE: ¿HERVIR NORMALMENTE O AL BAÑO MARÍA?

Quizás encuentres recetas de queso en Internet, o en libros de cocina, con instrucciones para hervir la leche al baño maría. Calentar la leche directamente en la cazuela puede ser complicado cuando trabajas con altas temperaturas, pero mis recetas no requieren utilizar el baño maría, pues creo que siguiendo estos tres consejos podrás calentar bien la leche y ahorrar tiempo.

1. Deja la leche a temperatura ambiente. Si sabes que vas a hacer queso, deja la leche fuera de la nevera una o dos horas antes. Estos grados de más te harán ahorrar tiempo y también evitar que se te pegue la cazuela a la hora de llevar la leche a casi una temperatura de ebullición.

2. Usa la cazuela que tenga el fondo más grueso, o piensa en comprar una de estas características. Los azúcares que contiene la leche se quemarán y pegarán menos en el fondo de la cazuela porque el calor se absorberá y dispersará de una manera más uniforme. Puedes utilizar también una cazuela antiadherente.

3. Empieza calentando la leche a media potencia, y después aumenta o disminuye la intensidad según vayas observando la leche. Cuando la remuevas, fíjate que no se pegue la leche en el fondo. Debido a que la leche contiene lactosa (un azúcar ¿recuerdas?), tiene tendencia a adherirse a la cazuela y a tostarse (caramelizarse). Ajusta la temperatura del fuego, remueve el contenido de la olla y no la dejes desatendida, así evitarás que sepa a quemado. Aun así es posible que se pegue algo, pero si la leche sigue blanca y puedes removerla fácilmente, significa que todo va bien.

ESCURRIR LA CUAJADA: MUCHAS MANERAS Y MUY POCO TIEMPO

Aquí tienes dos métodos que me gusta emplear en la cocina cuando hago queso. El colador de tela es un viejo recurso, y la bolsa para colgar la cuajada es muy

CALENTAR AL BAÑO MARÍA

Si decides calentar la leche con más suavidad, aquí te indico cómo poder hervirla al baño maría con los utensilios que tienes en la cocina. Llena una cazuela grande (no importa de qué tipo por que la leche no estará en contacto con ella) con una tercera parte de agua y luego coloca en su interior un bol resistente al calor (de acero inoxidable o de cristal) o bien un cazo pequeño con la leche que quieres calentar. ¡Ten cuidado de que el agua de la olla grande no se derrame! Tienes que vigilar el calor para conseguir la temperatura que deseas, pero hay poco peligro de que se sobrecaliente o hierva (aunque este proceso alarga la receta unos quince o veinte minutos). Es un método muy eficaz cuando ya

estás graduado en quesos más complejos, en los añejos. Pero si la receta no lo requiere, evita usar el baño maría, ¡ganarás tiempo!

útil cuando uno está deseando acelerar el proceso de escurrir la cuajada.

Método de escurrir n.° 1: Colador de tela

A menos que tengas muchísima prisa, este método para escurrir el suero será suficiente para las recetas de este libro. Si eres un tanto inexperto en la cocina o un poquito propenso a ser patoso, aquí tienes dos consejos a tener en cuenta cuando uses este método:

1. Coloca un bol grande debajo del colador forrado con tela aunque no vayas a utilizar el suero. Se trata de una manera de asegurarte la jugada en caso de que te distraigas en un momento dado y no te acuerdes de si has añadido o no el ácido cítrico, o en el caso de que creas que la tela o estameña que has usado es la idónea, pero no, resulta que tiene una trama demasiado grande y te encuentras en una «situación difícil». En el bol podrás recoger todo lo que pase por el colador, por lo que podrás tener otra oportunidad de arreglar las cosas sin haber perdido la cuajada por el camino.

2. Es posible que tras haber lavado y secado la tela en secadora se haya encogido. Para que vuelva a estar suave y tenga de nuevo la forma original, mójala y escúrrela bien antes de forrar el colador. Eso hará que se estire y que quede bien ajustada al colador, de manera que el suero y la cuajada no se cuelen por debajo del paño, algo que te haría maldecir como un cosaco. Yo, por lo general, suelo optar por esta técnica, en vez de usar el procedi-

miento de la bolsa colgada (método 2, de la página siguiente), pero suele ser un tanto más lenta si estás haciendo una cuajada cremosa y corta como la ricotta con limón meyer (pág. 35) o los besos de queso de cabra al estilo francés (pág. 49). Dependiendo de la cuajada, de la tela y del colador, puede ocurrir que quede taponado el drenaje, o que pequeños trozos de cuajada taponen el entramado de la tela, y tanto una cosa como otra hacen que el drenaje se detenga literalmente o que se reduzca a un goteo interminable. A mí me gusta seguir atentamente el proceso y ayudar removiendo, levantando la tela de vez en cuando o moviéndola hacia delante y hacia atrás si es necesario para solucionar el atasco.

Método de escurrir n.º 2: Bolsa de tela colgada

Los queseros son unos tipos muy ingeniosos. Si buscas en Internet, verás que hay quien cuelga la cuajada con unas cuerdas elásticas (pulpos), encima de la bañera, sobre un trípode, y con todo tipo de creativos artilugios. Es cierto que a veces la manera más rápida de escurrir el suero (en el caso de pequeñas cantidades, sobre todo) es hacer un fardo de tela y colgarlo, lo cual dará a tu cocina el aspecto de una encantadora granja. Es una manera fácil y sencilla.

1. Forra un colador con una tela o estameña, echa sobre la tela la cuajada y el suero y cuando puedas (cuidado que el suero está caliente), agarra las puntas de la tela y átalas entre ellas con un nudo flojo, así tendrás un fardo. A continuación, puedes hacer dos cosas...

2a. Introduce una cuchara de palo entre el agujero del nudo y cuelga el fardo dentro de un recipiente alto o en una jarra para poder recoger el suero, tal como se muestra en la fotografía.

b. O bien cuelga el fardo en un sitio de la cocina donde no te estorbe: mucha gente usa los tiradores o los pomos de los armarios o los grifos del fregadero. Si las puntas del fardo son cortas, alárgalas con una cuerda de algodón. El suero contiene mucha lactosa, de modo que si el fardo se apoya en los armarios de la cocina, éstos quedarán pringosos.

Aunque todos estos métodos van bien, prueba a ver cuál te va mejor a ti. Resulta que cuando hago queso siempre estoy haciendo otras cosas en la cocina, de modo que acabo necesitando utilizar el fregadero o un determinado armario, así que me puse muy con-

---

MI BOLSA DE CUAJADA COLGANTE Y PORTÁTIL

Mi bolsa personal para colgar y escurrir la cuajada del queso es... ¡un colgador de plátanos! Encontré uno en una tienda de segunda mano y descubrí que es estupendo para escurrir la cuajada. Tan sólo tuve que colgar el fardo en el gancho y colocar el colgador dentro de un bol para recoger el suero: ¡y lo puedo transportar a cualquier sitio!

Incluso puedes guardarlo dentro del horno o en una habitación, escondido, en caso de que tengas un gato curioso. ¡Y, además, es portátil!

PRENSADO «MODERNO» EN UN MINUTO

Una de las características en cuanto al ahorro de tiempo y esfuerzo de estas sencillas recetas es que requieren muy poco prensado. En los quesos añejos, prensar es muy necesario para conseguir un cuajo consistente que resista el proceso de envejecimiento del queso durante meses. El método de prensar en las recetas de este libro no es nada comparado con el proceso de veinticuatro horas extras que requiere el prensado con un peso de unos 4,5 kilos durante 3 horas, seguido de aplicar un peso de 9 kilos durante 8 horas; después, 15 kilos durante 12 horas, y así sucesivamente. Para nuestros propósitos, lo mejor para presionar el queso fresco es una garrafa llena de agua. Es práctico, puedes ir modificando el peso añadiendo más agua a la garrafa. Tan sólo tienes que colocar antes un recipiente plano sobre el queso (un plato o un tapa) y después ponerle encima la garrafa, como se muestra en las fotografías.

Para quesos más pequeños, puedes utilizar botellas o jarras más pequeñas y llenarlas de agua, de canicas o piedrecitas de río, ¡incluso una lata de alubias puede sacarte del apuro! Si necesitas más presión, puedes colocar unas cintas de goma alrededor. Tienes que estar bien atento a que el suero que pasa por el colador sea claro, que no pase materia cremosa o perderías la preciada grasa.

Garrafa de plástico llena de agua = prensa de queso casera.

Para cantidades más pequeñas va mejor una botella.

tenta cuando, accidentalmente, di con mi método ideal (*véase* «Mi bolsa de cuajada colgante y portátil», en la página anterior). Nota: Todos los queseros creen que su método es el mejor.

GUARDAR, COMPARTIR, CONGELAR

A medida que en las tiendas de alimentación nos van llegando más quesos frescos, todos nos vamos fami-liarizando más con exquisiteces como la mozarella fresca y el queso feta conservados en suero y salmue-ra. Tienen un aspecto estupendo, pero observa que ninguno de los quesos de este libro se conserva en agua o suero. Para guardar tus quesos lo ideal es un recipiente de cristal con tapa, pero también puedes usar recipientes de plástico, bolsas con cierre hermé-tico y cosas de ese tipo.

La mayoría de los quesos de este libro se pueden congelar medianamente bien, cuando la alternativa es desperdiciarlos (¡Pero, vamos!, ¿no crees que tu compañero de trabajo o tu vecino estarás encantados de recibir queso como regalo?). La textura de quesos blandos, como la mozarella, es mejor cuando éstos son frescos (para esa misma noche), pero si necesitas congelarlos puedes hacerlo con un recipiente de cierre hermético y usar el queso al cabo de un mes. Observarás claramente cierta diferencia de textura y cremosidad, pero el queso seguirá estando magnífico para cocinar, desmenuzar o triturar, una vez descongelado.

CÓMO QUITAR EL CLORO AL AGUA

Algunas de mis recetas requieren agua sin cloro, pues éste puede inhibir la actividad del cuajo. Y no, no me malinterpretes, no te estoy pidiendo que compres agua embotellada, ni animándote a hacerlo. Si tienes agua filtrada en la nevera, en el grifo o en una jarra especial, úsala, pero si no tienes agua filtrada, deja un recipiente lleno de agua, sin cubrir, de ocho a veinticuatro horas, lo suficiente para que el cloro se evapore, lo cual irá bien para los propósitos de estas recetas (y también el agua es mejor para beber). Una alternativa es pasar el agua por la licuadora un par de minutos (¡es cierto!) para dejar que respire un poco. Cuando yo vivía en Portland, Oregon, usaba el agua directamente del grifo, así que también puedes hacerlo, siempre que el agua de tu casa no huela mucho a piscina. Si ves que no consigues un buen cuajo, el cloro puede ser el motivo.

CÓMO PASTEURIZAR LIGERAMENTE LA LECHE CRUDA

Si no te da mucha confianza la leche cruda (*véase* la página 15), puedes utilizar este método casero para pasteurizarla ligeramente. Las propiedades que conserva la leche te permitirán seguir obteniendo un buen cuajo a la hora de hacer queso y el resultado será magnífico (la leche quedará un poco pasteurizada, pero no homogeneizada, y eso ayuda).

1. Echa la leche cruda en una cazuela o en una cazuela doble (*véase* en la pág. 20, el recuadro «Calentar al baño maría»).

2. Calienta la leche a 62 °C removiéndola durante un par de minutos. Estate bien atento para evitar que hierva.

3. Mantén la temperatura a 62 °C durante 30 minutos exactamente. Tienes que controlarlo de cerca: quizás necesites aumentar o disminuir el calor para mantener la temperatura.

4. Apaga el fuego y coloca la cazuela con la leche en el fregadero o dentro de una cazuela más grande con agua helada. Remueve constantemente hasta que la temperatura llegue a los 4 °C.

¡Felicidades, tu leche está ligeramente pasteurizada, y ahora puedes usarla para hacer un queso maravilloso!

La cuajada (problemas básicos que pueden surgir)

La mayoría de los libros de instrucciones tiene una sección dedicada a los problemas o posibles fallos *al final*, pero yo, como profesora, deseo que mis alumnos se sientan proactivos en la clase, que asuman el control. Si lees acerca de los fallos antes de meterte en la cocina, es posible que sobre la marcha reconozcas cuándo necesitas hacer ajustes, pero, por favor, intenta no quedarte colgado de ellos. Es como montar en bicicleta: hay que tener la vista puesta en donde quieres ir, no donde puedes caerte.

Además de las notas que siguen, he incluido unas advertencias adicionales y específicas para cada queso, pero el resumen es éste: prueba el queso resultante, aunque tenga un aspecto diferente al que esperabas. Seguro que aun así está delicioso, a punto para acompañarlo con pimienta molida, aceite de oliva y pan. Y no te preocupes, llegaremos al fondo del asunto, de modo que la próxima vez tu queso estará incluso mejor.

PROBLEMA: los ricotta con limón meyer, los besos de queso de cabra al estilo francés y otros quesos cremosos me quedan secos y se desmenuzan.

Esto es un problema muy común, así que vamos a atacarlo. Aquí tenemos la lista de comprobación:

☐ **¿Seguiste la receta al pie de la letra? Vuelve sobre los pasos a seguir. ¡Sé que estabas impaciente por comer queso!**

☐ **¿Usaste la leche y el ácido aconsejados?**

☐ **¿Calentaste la leche durante el tiempo y temperatura requeridos?**

Seguir la receta Hacer quesos en una hora es estupendo, pero estas recetas no son pasivas, requieren mucha atención todo el tiempo. Así que olvídate del tiempo y síguelas cuidadosamente. Lee bien toda la receta, de principio a final, y reúne todos los utensilios, tomando buena nota de las medidas y de las temperaturas. La práctica y la confianza evitan con frecuencia emplear precipitadamente la cuchara de medir equivocada... ¡Añadir el doble de ácido puede hacer que el queso salga muy diferente!

Grasa La falta de grasa puede hacer que los quesos se desmenucen o queden gomosos. La textura y el sabor del queso no será la adecuada a menos que se utilice la leche recomendada (si por ejemplo la receta requiere leche entera y usas leche desnatada, el queso quedará seco), pero puedes conseguir que un queso como el ricotta con limón meyer o el Fromage Facile quede un poco más húmedo escurriéndolo menos (dejando más suero en la cuajada).

Ácido El exceso de ácido puede hacer que los quesos queden correosos. Cada vinagre tiene una acidez diferente, y los limones y las limas pueden variar de un fruto al otro, aunque es fácil aprender a trabajar con ellos. La próxima vez, intenta añadir ½ cucharadita menos de ácido. Sabrás si has añadido poco ácido porque el suero queda con un aspecto lechoso (eso es el potencial queso que estás dejando atrás), y porque acabas con mucho menos queso del que dice la receta que tendrías. De modo que reduce sólo un poco el ácido.

Temperatura Presta mucha atención a la temperatura que indica la recta, introduce el termómetro en diferentes partes de la cazuela una vez hayas removido el contenido (cuando sea posible) para evitar zonas calientes o frías y compruébala con frecuencia. Piensa que si la temperatura de la leche sube de repente (¿te fuiste a comprobar tu *email*?), o si la dejaste al fuego más tiempo de lo indicado, el resultado puede variar y el queso puede quedar desmenuzado y seco (pero no te deshagas de él, lo puedes prensar más y obtener un queso tipo paneer).

☐ **¿Es preciso tu termómetro?** (*véase* el recuadro de la derecha)

Los termómetros pueden estropearse, quedar mal calibrados, a consecuencia de las altas temperaturas o de no utilizarlos con cuidado. Si tu termómetro no marca bien la temperatura, es posible que recalientes la leche y la cuajada te quede dura y seca, o que si la leche está poco caliente, no se produzca la coagulación o no quede como debiera.

☐ **Seguiste bien la receta y el termómetro funciona bien, ¿podría ser que la cuajada haya soportado demasiado calor y demasiado aire?**

Cosas tan sencillas como quedarte atontado contemplando tu hermosa cuajada mientras le echabas la sal puede cambiar la textura del queso.

Sal y aire Cuando remueves la cuajada, desprende humedad, especialmente al añadirle sal. Además la aireas, lo cual también hace que se seque. El ricotta más tierno, por ejemplo, requiere que se remueva muy poco y se airee al mínimo.

Calor Como he mencionado anteriormente, la cuajada puede endurecerse si se la deja con el suero caliente más tiempo del recomendado. El calor hace que el cuajo pierda agua (en forma de suero), y que se encoja. Es muy útil conocer estas propiedades, pues permiten jugar con ellas para ajustar los resultados o crear recetas propias. Sin embargo, en el caso de los quesos cremosos, lo mejor es colar, remover y airear la cuajada lo menos posible. Debes dejar de remover y de colar la cuajada tan pronto como veas la textura que deseas. Si ves que la cuajada pasa de untable a

COMPRUEBA Y RECALIBRA TU TERMÓMETRO

Aunque el objetivo de usar un termómetro es conseguir cierto grado (¡ja!) de precisión, a veces incluso el más sofisticado de los instrumentos se desajusta. Para comprobar si tu termómetro es preciso sigue los siguientes pasos:

1. Llena una taza con hielo y cúbrela con agua. Remueve.

2. Quítale la funda al termómetro.

3. Sumerge el termómetro unos 7 centímetros (o las instrucciones que indique el fabricante) en el agua helada durante unos 30 segundos. La temperatura debe marcar rápidamente unos 32 °F (0 °C), aunque si marca 35 °C también estará bien.

4. Si la diferencia es de más de 6 grados y tu termómetro permite ajustar la lectura, hazlo hasta que funcione bien; si no es así, compra otro termómetro.

desmigajada, es que te has pasado, pero ahora ya lo sabes para la próxima vez. En sólo un par de veces es posible aprender cómo funciona cada proceso a fin de conseguir el resultado ideal que buscas. Aun así, es posible que los resultados varíen, pero eso es lo que llamamos el encanto de lo artesanal, ¿verdad?

PROBLEMA: nunca, consigo que cuaje la leche o estirar los quesos elásticos.

Coagulación Si sabes a ciencia cierta que has seguido bien la receta, que el grado de acidez es el correcto y el cuajo es el adecuado, entonces la culpa es de la calidad de la leche. Necesitas entonces elegir otra marca o añadir cloruro cálcico a la leche que tienes para corregir un poco su estructura. Busca en la página 248 dónde comprarlo y después añade ¼ de cucharadita en 60 ml de agua cuando eches la leche en la cazuela.

Elasticidad Con un horno microondas puedes calentar y dar elasticidad a este tipo de queso más fácilmente. Si eliges el método del suero caliente (*véase* pág. 144), quizás no puedas estirar la cuajada como aparece en las fotografías. Si la cuajada parece que rebota es que vas por el buen camino. Sólo tienes que remover, prensar o enrollar la cuajada en la forma más parecida posible a como se ve en las fotos. Si has utilizado un microondas pero aun así no has conseguido una buena elasticidad, intenta calentar la cuajada otros treinta segundos más para ajustar la temperatura del microondas o amásalo diez veces más para que pase de ser una cosa grumosa a una bola floja y elástica.

PROBLEMA: mi mozarella favorita y el queso oaxaca con chile chiplote y lima me quedan amarillentos y duros como piedras.

Si estás usando la leche correcta y no has añadido un exceso de cuajo, es que en algún momento la cuajada ha estado demasiado caliente. Pudo haber pasado: 1) cuando lo calentaste por primera vez, justo antes o después de añadir el cuajo; 2) después, cuando la calentaste para darle elasticidad.

Temperatura Puede ser que la cazuela con la leche caliente no tenga una temperatura uniforme. Es posible que el quemador la caliente más por un lado que por otro. Para conseguir una temperatura adecuada, remueve bien antes de comprobarla con el termómetro, desde los bordes de la cazuela hasta el centro. Aun así, después toma la temperatura en dos sitios diferentes para estar bien seguro de los grados a los que está la leche, pues de otro modo puedes pensar que está a 37,8 °C cuando en realidad está a 48,9 °C, lo que cambiaría radicalmente el resultado.

Calentar para estirar Es posible que se sobrecaliente la cuajada, ya sea usando un microondas o el procedimiento del suero caliente. Si echas el suero hirviendo sobre la cuajada de mozarella ésta se convertirá rápidamente en una bola gomosa. De manera similar, un tiempo extra en el microondas junto a un proceso de elasticidad demasiado largo puede hacer que el queso quede duro. Sigue a rajatabla las instrucciones y mantén las temperaturas que indican las recetas, es muy importante.

«Utiliza estos datos para mejorar tus conocimientos: ajusta y crea tus propias recetas».

Conclusión Te puedes encontrar con resultados inesperados, pero puedes evitarlos si lees bien la receta antes de empezar, la sigues cuidadosamente, usas los utensilios y los ingredientes adecuados y lees los consejos de este capítulo, pero no te quedes con los problemas potenciales porque tu instinto y las recetas te llevarán por el buen camino. Si te encuentras con algún desastre, vuelve atrás y revisa los consejos del capítulo, o escríbeme un correo a claudia@urban-cheesecraft.com con el tema del que hablamos: la cuajada. Juntos lo resolveremos.

«Si tu creación está deliciosa, aunque no haya quedado como esperabas, anota lo sucedido, así la próxima vez podrás intentarlo de nuevo».

El zen y el arte de dar nombre a tu queso

Sí, estás siguiendo una receta, pero como ya hemos dicho, muchos quesos se han descubierto por casualidad, de modo que sé condescendiente contigo mismo y accede a tu vena creativa con estas advertencias, «déjate llevar». Es probable que te encuentres con las complicaciones descritas en la sección «Problemas básicos que pueden surgir», de la página 25, pero la buena noticia es que es igual de probable que no te encuentres con ninguno de ellos. Incluso en los casos más desafiantes podrás comer el queso y disfrutar del resultado. Una mozarella dura (o un queso oaxaca con chile chipotle y lima o una pizza hilada) puede cortarse en cubitos, como un paneer (y también puedes

RECUERDA: «OM» = ¡ÑAMM!

hacer que sean más blandos marinándolos con una salsa de tomate o de curry). Un ricotta desmenuzado (o besos de queso de cabra al estilo francés, Fromage Facile o un requesón) puede usarse como un queso de cabra fresco o en rodajas (para pizza, pasta, rellenar verduras, ensaladas y cosas así). Lo que quiero decir es que como tu creación es deliciosa, aunque no haya quedado como esperabas, la cosa está en darle un nombre nuevo y tomar nota de lo que pasó para aprender de ello e intentarlo de nuevo.

Lleva un registro de los quesos que haces

Dedica una libreta a anotar tu trayectoria en el mundo del queso (si no tienes una a mano, ve a la última página del libro y allí podrás hacer anotaciones rápidas). A medida que vayas investigando en la transformación de la leche, anota tus peripecias y descubrimientos más sorprendentes. Si te gusta tu ricotta «estropeada», apunta rápidamente qué fue lo que hiciste para que saliera así: ¿llegó a hervir la leche accidentalmente?, ¿le añadiste demasiado ácido? Puede que no estés bien seguro de lo que pasó, así que toma unas cuantas notas y a medida que vayas añadiendo más observaciones quizás podrás sacar el entramado.

QUESO DE CABRA FRESCO:

LA PRÓXIMA VEZ, PONER EL DOBLE DE PIMENTÓN ROJO, ¡ME ENCANTA!

Aparte de esto, presta atención a las siguientes sabias palabras (conseguidas gracias a los «fallos») y tu momento de hacer queso nunca te resultará estresante (¡lo cual sería una pena!).

1. No le pongas nombre al queso antes de probarlo.

Esto quiere decir que postergues el momento de anunciar: «¡Oídme todos, estoy haciendo mozzarella por vez primera!». En vez de eso, usa el viejo truco de los restaurantes, que además suena muy chic y di: «¡Hoy hago «Fromage du Jour»!, o «¡Algo que os va a gustar!» Cuando acabes, puedes modificar el guion, perdón, el menú; y decir: «¡Sorpresa, he hecho mozzarella!» ...o, «¡Aquí está mi primer Fromage du Jour!». Bueno eso es un plan elaborado, lo que quiero decir es que no te ates demasiado y diviértete en el proceso. El resultado será, si no reconocible, perfectamente comestible.

ES DECIR «QUESO DEL DÍA».

2. Guarda lo que te parece un fallo hasta que te recompongas y reúnas más información.

Si acabas sin queso pero con una especie de sopa de leche, guárdala hasta que te recompongas y puedas

«A medida que vayas controlando la transformación de la leche, anota tus extraordinarias aventuras y sorprendentes descubrimientos».

hacerle frente otra vez. Además, ten en cuenta que eso es increíblemente raro. No te asustes. Es posible que te sientas frustrado, y no te culpo por ello. Sal y airéate un poco, pero hagas lo que hagas, no tires nada. Guárdalo un día en la nevera. Toma un respiro. Los resultados sorpresa casi siempre se pueden salvar y transformarse en algo delicioso.

Cuando tengas la cabeza clara, vuelve a tus pasos: ¿Le quitaste la funda al termómetro? (eso pasa más veces de lo que crees). Vuelve a comprobar los ingredientes. Repasa las notas. Lee la sección de los fallos. Visita mi página web, urbancheesecraft.com), ve a las FAQs (preguntas más frecuentes). Puedes incluso escribirme un *email:* claudia@urbancheesecraft. com con el asunto: cuajada del queso. Me gustan los retos, y juntos podemos salvar tu queso o evitar que el problema se repita en el futuro.

3. Por último, deja de dar vueltas al asunto y ponte en marcha.

He sabido de muchos aspirantes a queseros que dan demasiadas vueltas a las recetas. No sé si se debe a que asumen que este proceso es mucho más complicado de lo que realmente es o si simplemente el ansia de comer queso los trastorna. La naturaleza desea complacerte, de modo que ¡déjate llevar! No añadas pasos innecesarios sólo por que hayas leído algo en Internet o recuerdes un factoide de una clase de ciencias. Estoy dispuesta a animarte a que juegues más tarde con lo que sea, pero mientras estás aprendiendo, sigue cuidadosamente las instrucciones de las recetas de estas páginas. Si después encuentras un método más sencillo, escríbeme un correo, ¿de acuerdo?

4. Ahora, ponte a hacer queso sin miedo.

Libera tu mente, sigue las recetas y... ¡que la cuajada te acompañe!

CÓMO USAR ESTE LIBRO
Y SUS RECETAS

Para cuando vayas avanzando en el libro, aquí tienes un par de advertencias para tener en cuenta y algunas observaciones a la hora de realizar cada una de las recetas.

Decide qué queso vas a hacer

A fin de decidir si tienes tiempo suficiente, provisiones y utensilios para hacer un determinado queso, consulta el apartado «Grado de dificultad» que encontrarás en la primera página de cada receta. Una cosa importante a tener en cuenta si eres un novato y deseas saber por dónde empezar es el nivel de dificultad. Puesto que todos son sencillos y frescos, los quesos están catalogados en la receta como *Fácil, Muy fácil* y *Facilísimo*. Antes de ponerte en marcha, lee bien cada receta para saber de qué va y después sigue las ilustraciones paso a paso.

Del cartón de leche
a la tabla de quesos

Cada una de las dieciséis recetas cuenta con minuciosas instrucciones, fotografías, posibilidades y sugerencias de presentación y acompañamiento del queso. Utiliza las ideas de forma y sabor (págs. 183-211) para aprender todo el provecho y variedad que puedes sacar de cada queso. Disfruta realizando guarniciones apropiadas a cada uno (págs. 213-233) como galletas saladas o fruta en almíbar.

Prepárate como un chef

Dado que los quesos que hacemos en este libro se hacen en una hora, las recetas se realizan rápidamente, y los resultados se pueden ver afectados significativamente si tienes que emplear diez minutos en buscar el colador. Así que, una vez decidas el queso que vas a hacer, y tengas la leche y los utensilios que precises, prepara un espacio para trabajar y todo será pan comido. En cada receta encontrarás toda la información necesaria (ingredientes y utensilios), de modo que podrás personalizar la puesta en escena (en argot de chef profesional: «todo en su sitio») de tu propio queso.

Piensa como un granjero

¿De verdad te estoy pidiendo que guardes ese líquido amarillento? ¡Sí, el suero! Utilizar todos los subproductos de la elaboración del queso , como hacen los granjeros, es lo mejor. El uso del suero no es una excepción, y además abarca el mundo culinario y más allá. Antes de pensar en tirarlo por el fregadero, considera qué se puede hacer con el suero. Te sorprenderá la cantidad de suero que sobra después de hacer queso, de modo que prepárate a ello. En el recuadro de la derecha encontrarás maneras prácticas de aprovechar el suero (Nota: Puedes congelarlo y usarlo en otro momento, sólo tienes que dejar un 20 % de espacio en el recipiente que uses porque aumenta de volumen).

TÚ Y LA LECHE AUTÉNTICA: UNA BREVE HISTORIA

Tienes 3 o 4 litros de leche entera y cruda, le quitas parte de la nata –no toda–, y la usas para hacer la mejor mantequilla que nunca hayas probado (pág. 236). Con ello obtienes un derivado: auténtico suero de leche, y si mezclas ese suero con un poco de masa podrás hacer unas crepes o unas galletas deliciosas. Aún te queda un poco de la leche baja en grasa que desnataste antes, y ahora puedes hacer una buena tanda de queso fresco. La pizza hilada, el queso oaxaca con chile chiplote y lima o incluso el yogur de baja tecnología son recetas que puedes hacer con leche semidesnatada.

Es posible que te sobre mucha cantidad de suero, en las granjas se usa para hacer la ricotta tradicional o para alimentar a los cerdos; pero en tu caso, si se trata de pequeñas cantidades, recurre al recuadro: «Usos del suero sobrante». ¿Rissoto, tal vez? ¿Sopa? ¿Helado? Moraleja: Una garrafa de leche da pie a un montón de posibilidades. Verás que 3,7 litros de leche cruda no resulta tan caro como pensabas...

El granjero Mike Guebert y un amigo

RECETAS DE QUESOS EN UNA HORA

¿ESTÁS PREPARADO PARA SORPRENDERTE A TI MISMO?

Hacer queso en una hora está al alcance de cualquiera. Aunque te consideres un novato en la cocina, no temas. He ideado las recetas de este libro de modo que sigan una progresión natural, como si se tratara de una serie de talleres.

Así que si deseas aprender a hacer queso como si fueras un estudiante en una de mis clases, la manera de ponerte en marcha es ir a la sección de los quesos cremosos y untables y elegir una receta de las etiquetadas como «facilísimas». Después, puedes pasar al apartado de quesos firmes y tiernos, de la misma variedad, y acabar con un queso de los fundibles. Si sigues esta secuencia tendrás una buena base para los procesos que utilizaremos más adelante, y a la vez te divertirás y descubrirás unos pasos sencillos para elegir después con más seguridad los quesos a elaborar en el futuro.

Y, por supuesto, si ya has hecho queso antes o te desenvuelves bien en la cocina y controlas las herramientas culinarias, sigue adelante y ataca cualquier receta. Cada una de ellas cuenta con una guía rápida (busca el apartado «grado de dificultad») que te ayudará a elegir de una vistazo tu siguiente aventura quesera, de modo que elijas la que elijas, estarás cubierto. ¡Adelante! ¡Que te diviertas!

RICOTTA CON LIMÓN MEYER

Tradicionalmente, el queso ricotta se hace con suero, en realidad es un derivado de la elaboración del queso. Pero como para la cantidad que queremos de ricotta se utiliza menos de un recipiente de 3,8 litros de leche (un galón) –cuando lo usual es utilizar 500 galones de leche–, si usáramos suero, sólo conseguiríamos una pequeñísima porción de ricotta. Como en otras recetas con proporciones pequeñas, si deseamos más cantidad añadiremos más leche. Esta versión con leche entera es un magnífico reto a la versión tradicional. Además, utilizaremos los limones mayer, más dulces, lo que le aportará una suave y dulce esencia que dejará intrigados a nuestros invitados.

Su delicado sabor y su textura hace que este ricotta esté especialmente indicado para elaborar postres (¡pastel de queso!) y blintzes (una especie de crepes) para el desayuno, pero también combina muy bien con platos sabrosos hechos con salsas cremosas. Prueba a añadir algunas exquisiteces a la mitad del ricotta, como hierbas, pimienta, semillas, frutos secos y cosas así, y conseguirás un queso que irá muy bien para acompañar a un plato de verduras crujientes.

GRADO DE DIFICULTAD

NIVEL: Fácil   Muy fácil   (Facilísimo)

TIEMPO DE PREPARACIÓN: 50 minutos

CANTIDAD: 340 gramos

LO MÁS DIFICULTOSO: Esperar a que se escurra lentamente la cuajada.

USOS: Platos dulces y salados, recetas que requieren un queso suave, como los canelones o la lasaña.

LECHE ACONSEJADA: 950 ml de leche de vaca entera y 470 ml de crema de leche de vaca (también llamada nata para montar); muy flexible, mira las variaciones.

NOTA: Este queso, acabado de hacer, queda poco consistente, para que se enfríe rápidamente, introducir 15 minutos en el congelador.

INGREDIENTES

2 limones meyer
(60 ml de zumo de limón meyer)

950 ml de leche de vaca entera
(no ultrapasteurizada)

470 ml de crema de leche

¼ cucharadita de sal
(al gusto)

UTENSILIOS

Exprimidor

Taza medidora

Colador de tela pequeño

Cazuela de 2 litros

Cuchara grande para remover

Colador grande o escurridor

Estameña fina

Bol resistente al calor

Cucharita

Bol de 1 litro

CONSEJO:
Antes de empezar con la receta, deja la leche una o dos horas a temperatura ambiente, así emplearás menos tiempo en calentarla.

1 Exprime los limones, cuela la pulpa y reserva la cantidad que necesitas.

4 Quizás ya hayas visto como se cuaja la leche en sólo unos segundos. Vigila la leche mientras se calienta, remuévela con frecuencia para impedir que se forme nata y comprueba que no se pegue en el fondo de la cazuela (Si es necesario, reduce el fuego).

2 Vierte la crema en la cazuela junto con la leche.

3 Añade el zumo de limón y remueve todo bien. Mantenlo a fuego medio.

5 Cuando veas que la cazuela humea y que se forman burbujas de espuma alrededor, comprueba la temperatura. La cuajada se irá formando rápidamente según se vaya acercando la temperatura a los 88 °C, y su aspecto semejará el de una papilla de avena ligera.

6 ¡Eso es la coagulación! Sigue comprobando la temperatura y removiendo suavemente para que la cuajada que se acaba de formar no se rompa. Cuando la temperatura llegue a los 88 °C, apaga el fuego.

¡TEN PACIENCIA, LA EXQUISITA TEXTURA DEPENDE DE ELLO!

7 Retira la cazuela del fuego y deja que la cuajada repose durante 10 minutos. En ese tiempo se formará más suero.

8 Mientras esperas, forra el colador con la estameña. Opcional: Coloca un bol debajo del colador para recoger el suero (muy aconsejable, *véase* «Usos del suero», pág. 31). Si no quieres conservarlo, utiliza el colador sobre el fregadero.

11 Haz un fardo con la estameña y estrújalo un poquito para que salga el cuajo que queda en ella. El suero de este queso cremoso es parecido a la leche (en comparación al suero de la mozarella, más claro).

12 Coloca de nuevo sobre el colador el paño con el queso escurrido y añádele sal.

9 Vierte la cuajada y el suero en el paño.

10 Deja que se escurra el suero durante unos 10 minutos o hasta que veas que el queso tiene una textura cremosa, como de puré de patatas.

13 Vierte encima la sal y mézclala suavemente con la cuajada. La sal hace que salga más suero, y el aire seca el queso, de modo que si lo remueves más de lo necesario, se desmenuzara y no quedará cremoso.

14 Para obtener un ricotta bien cremoso, no la remuevas demasiado. Cuando está caliente aún, está más suelta y cremosa.

15 ¡Listo para comer! Échalo en un bol para comerlo ya, o bien enfríalo para darle una textura más firme.

VARIACIONES Y SUSTITUCIONES

- Utiliza la misma cantidad para cualquier tipo de leche de vaca. Con leche desnatada o semidesnatada, la textura será menos cremosa.

- Puedes sustituir la crema de leche por la misma cantidad de leche.

- En vez de limones meyer puedes utilizar zumo de lima, de limón o bien vinagre de vino blanco.

- Si lo deseas, añade al queso diferentes sabores: orégano fresco o seco, semillas de anís, ralladura de nuez moscada o canela. Una vez se enfríe el queso, puedes incluso añadirle trocitos de chocolate negro (si está caliente se convertirá en un ricotta de color chocolate con leche, que puede estar riquísimo, pero tendrá un aspecto un tanto raro.

CREMA DE RELLENO PARA LOS CANNOLI

— 4 RACIONES —

Moja galletas o fruta en esta crema, rellena con ella cucuruchos o barquitas, o, si quieres seguir este libro al pie de la letra, puedes usarlo para rellenar Cannoli. Ésta es una manera fantástica y extraordinariamente sencilla de contribuir a una fiesta con tu ricotta con limón meyer.

- 1 cucharada de miel o de sirope de arce
- La ralladura de 1 limón de cultivo ecológio
- 1 cucharadita de semillas de anís
- 30 o 60 gramos de virutas de chocolate negro y un poco más para adornar, si se desea
- 250 gramos de ricotta con limón meyer
- 2 cucharadas de pistachos triturados (como cobertura, opcional)

Mezcla la miel con la ralladura de limón, el zumo, el anís y el chocolate con el ricotta refrigerado. Remueve bien hasta que quede suave y homogéneo. Ajusta los ingredientes a tu gusto. Si lo deseas, añádele por encima los pistachos troceados y más virutas de chocolate. Sírvelo con galletitas o bizcochos o también con fruta madura (fresas, albaricoques y ciruelas contrastan muy bien). También puedes modificar la receta de galletas de aceite de oliva, pimienta de colores y ajo (pág. 222) espolvoreándola con canela y azúcar, en vez de con ajo, sal y pimienta.

FROMAGE FACILE (QUESO FÁCIL)

El queso fácil es un queso suave, cremoso y apto para múltiples usos, sencillamente magnífico para tener a mano. Su nombre francés significa «queso fácil» y así es: fácil de hacer, fácil de usar y fácil de llegar a ser uno de mis quesos favoritos de todos los tiempos. El suero de mantequilla le aporta un ligero sabor ácido y el resultado es una combinación de queso cremoso y ricotta. La coagulación se produce rapidísimamente, y ello hace que sea un queso impresionante para hacer con niños o con invitados sorpresa (duplicar los ingredientes si se presentan muchos). El proceso implica poco trabajo y es gratificante. A mí me encanta mojar las verduras que cultivo en casa en un plato de Fromage Facile, pero también puedes usarlo para hacer pasteles o para extenderlo sobre las pastas del desayuno. También puedes darle forma de tronco y espolvorearlo con hierbas aromáticas: ¡es un detalle magnífico para llevar a una fiesta!

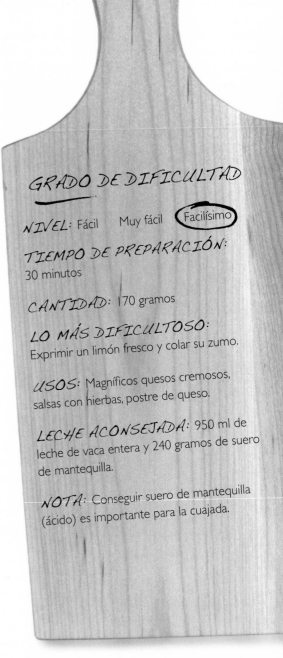

GRADO DE DIFICULTAD

NIVEL: Fácil   Muy fácil   ⟨Facilísimo⟩

TIEMPO DE PREPARACIÓN: 30 minutos

CANTIDAD: 170 gramos

LO MÁS DIFICULTOSO: Exprimir un limón fresco y colar su zumo.

USOS: Magníficos quesos cremosos, salsas con hierbas, postre de queso.

LECHE ACONSEJADA: 950 ml de leche de vaca entera y 240 gramos de suero de mantequilla.

NOTA: Conseguir suero de mantequilla (ácido) es importante para la cuajada.

INGREDIENTES

970 ml de leche de vaca entera
(no ultrapasteurizada)

240 g de suero de mantequilla

2 cucharadas de zumo de limón

¼ cucharadita de sal (al gusto)

Hierbas aromáticas (opcional)

UTENSILIOS

Colador de tamaño medio

Estameña o paño de cocina de trama fina

Bol grande resistente al calor (opcional)

Cazuela de 2 litros

Termómetro de cocina

Cuchara de cocina grande

Taza

Cuchara

Cucharita

Papel encerado

1 Cubre el colador con la estameña, mojada o seca. Coloca un bol debajo si quieres recoger el suero (*véase* «Usos del suero», pág. 31) o si no colócalo en el fregadero.

4 Cuando la leche haya llegado a una temperatura de 79,5 °C, añádele el suero de mantequilla y el zumo de limón y remueve todo bien. ¡Enseguida verás cómo se coagula!

¡CUIDADO CON LA CUAJADA!

2 Echa la leche de vaca en la cazuela y caliéntala a fuego medio a 79,5 °C.

3 Controla atentamente la temperatura, y ve removiendo para evitar que se forme nata en la superficie, cuida también que la leche no se pegue en el fondo de la cazuela. (Si observas que se adhiere, reduce el fuego).

5 Una vez que hayas mezclado bien el suero de mantequilla y el zumo de limón, aparta la cazuela del fuego y deja que repose 5 minutos.

6 Una vez frío, verás claramente como se han separado la cuajada y el suero. Remueve suavemente unos segundos para comprobar el cambio de textura. Vierte la cuajada y el suero sobre el colador cubierto con la estameña.

7 Deja escurrir la cuajada hasta que tome el aspecto de un puré de avena, unos 2 minutos. Añádele la sal.

8 Coloca el queso en un plato cubierto con papel para darle forma de rueda.

9 Vuelca en plato en una bandeja de servir y retira el papel. ¡Tu Fromage Facile está listo! ¡Riquísimo!

¡ÑAM, ÑAM!

VARIACIONES Y SUSTITUCIONES

- Mezcla hierbas frescas, tomates secos o jalapeños escabechados para hacer una magnífica crema para bagels.

- Añade pasas de Corinto, dados de albaricoques cualquier otra fruta escarchada que te agrade.

- Enfría el queso en un recipiente y ¡regálalo!

TARTALETAS DE QUESO SIN HORNO

— INGREDIENTES PARA DOS TARTALETAS DE 10 CENTÍMETROS —

Mi debilidad son los pastelitos franceses, especialmente las tartaletas rellenas de frutas jugosas. Ésta es mi versión sencilla y fresca, una que puedes crear en 5 minutos. Ajusta el dulzor de la masa y del relleno a tu gusto y varía la fruta según la que encuentres en el mercado.

- 2 cucharadas de miel o de sirope de arce
- 1 taza de Fromage Facile (queso fácil)
- ¼ de cucharadita de canela en polvo o nuez moscada (opcional)
- ½ taza de almendras tostadas y saladas
- ¼ de taza de dátiles medjool deshuesados
- 1 taza de frutos rojos, melón troceado, melocotón o ciruelas
- 1 cucharada de mermelada de naranja o de miel (opcional, es para dar brillo a la fruta)

RELLENO: Mezcla la miel o el sirope de arce con el Fromage Facile (después puedes añadirle lo que más te guste: canela, nuez moscada...).

MASA: Usa un robot de cocina para trocear someramente las almendras y los dátiles deshuesados. La mezcla debe quedar firme cuando le des forma. Si es necesario, añade más dátiles. Presiona la mezcla para forrar uniformemente dos moldes de tartaletas de unos 10 centímetros cada uno. Rellena los moldes con queso.

DECORACIÓN: Decora las tartaletas con fruta y pinta ésta con la mermelada o la miel.

Las tartaletas ya están listas para comer, o bien puedes enfriarlas durante media hora para poder cortarlas bien.

BESOS DE QUESO DE CABRA AL ESTILO FRANCÉS

Esta receta es mi homenaje al queso de cabra francés cubierto de hierbas de Provenza (hierbas aromáticas entre las que se encuentra la lavanda), pero yo he decidido infusionar la leche con hierbas frescas, de este modo acabas pudiendo sentir el olor floral del verano francés (me lo imagino, pues nunca he estado allí), sin tener que soportar la fibrosidad de las hierbas y las flores secas (no tan atractivas en la boca). Para sentirnos realmente en la campiña provenzal, daremos al queso forma de tentadores bocaditos, pequeños besos, ideales para tomar con la mano, perfectos para una bandeja de quesos para dos personas.

Ésta es, ciertamente, la manera en que a mí me gusta hacer estos besos, pero tú puedes emplear otras hierbas y especias, e incluso fruta deshidratada para obtener otros resultados, distintos pero igualmente tentadores. A mí me encantan los bocaditos, pero tú puedes optar por usar este queso para untar o para darle otra forma.

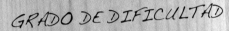

GRADO DE DIFICULTAD

NIVEL: Fácil (Muy fácil) Facilísimo

TIEMPO DE PREPARACIÓN: 45 minutos

CANTIDAD: Alrededor de 225 gramos

LO MÁS DIFICULTOSO: La leche de cabra no muy fresca o mal pasteurizada puede ser difícil de coagular.

USOS: Para rellenar tartaletas o hacer quiche, desmenuzado sobre verdura asada o ensalada, o sencillamente como queso para untar.

LECHE ACONSEJADA: 1,8 litros de leche de cabra y 250 ml de crema de leche.

NOTA: La cuajada es más fácil de moldear a mano cuando está ligeramente refrigerada.

INGREDIENTES

1,8 litros de leche de cabra

250 g de crema de leche

4 o 6 ramitas de hierbas
de cultivo biológico
(lavanda, albahaca, salvia,
tomillo y romero), bien
lavadas y escurridas

60 ml de vinagre de vino blanco

1 cucharadita de sal, al gusto

UTENSILIOS

Taza medidora

Cazuela de 3 litros aprox.

Termómetro de cocina

Cuchara de cocina grande

Espumadera (opcional)

Colador grande

Estameña o paño de cocina

Bol grande resistente al calor
(opcional, para el suero)

Cucharita

CONSEJO:
Deja la leche a
temperatura ambiente
1 o 2 horas antes, de
este modo se calentará
más rápidamente.

1 Coloca la leche y la crema en una cazuela.

4 Sumerge el termómetro en la leche y empieza a controlar la temperatura cuando veas que se forma vapor y pequeñas burbujas de espuma. (Nota: No dejes que hierva la leche, pues, de hacerlo, el queso quedaría firme, y no cremoso).

¿NO SON BONITAS?

2 Añade a la leche las hierbas previamente lavadas y deja el fuego a media potencia.

3 Controla muy bien el fuego, removiendo de vez en cuando para evitar que se forme una película en la superficie de la leche y comprueba que no se pegue ésta en el fondo de la cazuela. (Si esto sucede, reduce el fuego).

5 Antes de que la leche llegue a los 85 °C, retira las hierbas con la espumadera.

6 Cuando la leche llegue a los 85 °C, añade el vinagre y remueve bien, sólo siete veces.

7 Baja el fuego al mínimo. Remueve suavemente la leche cada pocos segundos durante 2 minutos; no permitas que se forme más cuajada, así que no remuevas demasiado rápidamente ni tampoco continuamente.

8 Al cabo de 1 minuto ya verás la cuajada, de no ser así, calienta la leche 2 minutos más.

11 Pasados 10 minutos, verás que la cuajada aumenta.

12 Cuela el suero y la cuajada por la estameña y deja escurrir el suero unos 10 minutos, o hasta que la cuajada tenga una textura cremosa, como la de un puré de patatas suave.

9 Retira la cazuela del fuego y deja que la cuajada y el suero reposen unos 10 minutos.

10 Forra el colador con la estameña y colócalo sobre un bol si quieres guardar el suero.

13 Añade sal y remueve bien. Esto hará que el queso tenga un sabor uniforme y también que caiga el resto del suero.

14 El suero que resta tendrá un aspecto más lechoso que en otras recetas, es normal en el caso de este queso de cabra cremoso. *Véase* «Usos del suero», pág. 31, sugerencias de cómo reutilizar este rico producto.

15 Una vez se ha enfriado un poco, tu queso de cabra ya está listo para darle forma. Toma con los dedos pequeñas porciones de queso y entre las manos dales forma de bola.

16 Pellizca la parte superior de cada bola y aplasta la parte de abajo al colocarla en el plato. Ya tienes listos tus besos de queso de cabra listos para servir y comer, puedes decorarlos con las hierbas sobrantes o con flores comestibles (*véase* pág. 206).

VARIACIONES Y SUSTITUCIONES

- Usa las hierbas, ya sean frescas o secas, que tengas a mano para infusionar la leche: menta, cebollino, eneldo o perejil, o experimenta con nuevos sabores.

- Mezcla las hierbas con la cuajada o bien cubre el queso con hierbas o especias una vez le hayas dado forma. Las flores de la lavanda y las diminutas hojas de tomillo son muy bonitas y sabrosas.

- Acompaña cada beso de manera diferente: añade miel a uno, arándano a otro y menta a otro. Piensa en una variedad de sabores y colores.

- Si deseas un queso más ligero con un sabor ligeramente más acentuado de cabra, omite la crema de leche. (Nota: Resultará menor cantidad, de modo que haz los ajustes necesarios).

MELOCOTONES ASADOS CON RÚCULA

— INGREDIENTES PARA 4 RACIONES —

Melocotones amarillos maduros, rúcula, mantequilla, vinagre balsámico: ¡humm! Cada uno de estos ingredientes es delicioso por separado, únelos y tendrás una receta que seducirá e impresionará a la gente, se quedará patidifusa.

- 2 melocotones maduros (blancos o amarillos)
- 2 cucharaditas de un buen vinagre balsámico
- 1 cucharadita de mantequilla
- 150 g de rúcula o mezclum (variedad de hojas verdes para ensalada)
- 4 besos de queso de cabra al estilo francés
- 2 cucharaditas de piñones (opcional)

Corta los melocotones por la mitad y quítales el hueso. Pinta o rocía cada mitad con vinagre balsámico. Precalienta una sartén o bien una plancha. Añade la mantequilla y cuando esté caliente la plancha coloca encima los melocotones boca abajo ¡óyelos chisporretear!). Ásalos hasta que el vinagre quede caramelizado y la mantequilla huela. Comprueba que quedan un poco tostados, pero ten cuidado de que no se quemen. Prepara una cuarta parte de la rúcula sobre un plato o bandeja y medio melocotón con la parte cóncava hacia arriba, e introduce en el hueco un beso de queso de cabra. Rocía el queso con un poco de vinagre balsámico y adorna el plato con los piñones, si te apetece.

REQUESÓN (QUESO COTTAGE)

Siempre que en mis clases menciono el requesón, surge inevitablemente el personaje de *Little Miss Muffet,** pues su cuajada y su suero se parecen mucho al cottage. Éste es un queso que produce nostalgia, con referencias que van desde los cuentos de *Mother Goose* (Mamá Oca) al *Jazzercise* (combinación de ejercicio aeróbico y baile), pero no desestimes el requesón pensando que está pasado de moda o te perderás su magnífico sabor y su versatilidad. La cantidad que se obtiene en esta receta es generosa, de modo que puedes disfrutar de una buena porción mezclada con fruta fresca, añadirlo a la masa de un pastel y utilizarlo en una lasaña, y todo ello en la misma semana.

Así que, créeme, no hace falta ser fan del *Jazzercise* para disfrutar del queso cottage, aunque no te hará ningún daño sacar los viejos calentadores y volver a escuchar tus canciones favoritas de los años ochenta.

GRADO DE DIFICULTAD

NIVEL: (Fácil)   Muy fácil   Facilísimo

TIEMPO DE PREPARACIÓN:
1 hora

CANTIDAD: Alrededor de 680 gramos

LO MÁS DIFICULTOSO:
El proceso de enfriar con hielo.

USOS: Lasaña, crepes, ensaladas, para acompañar fruta, y salsas.

LECHE ACONSEJADA: 3,8 litros de leche de vaca entera (no ultrapasteurizada) y 300 g de suero de mantequilla.

NOTA: El suero de mantequilla enseguida aporta sabor al cottage, podría sustituirse por otro tipo de leche, pero el queso perdería su característico sabor.

---

* Protagonista de unos versos infantiles que está comiendo tranquilamente su cuajada y su suero hasta que aparece una araña y la asusta. *(N. de la T.)*

INGREDIENTES

300 ml de suero de mantequilla

¼ de pastilla de cuajo de origen vegetal

125 ml de agua fría sin cloro

3,8 litros de leche de vaca entera
(no ultrapasteurizada)

20 cubitos de hielo

1 cucharita de sal o al gusto

UTENSILIOS

Taza medidora de 250 ml

Cazo de 13 x 10 cm

Batidora manual grande

Estameña o paño de trama fina

Colador o un filtro grande

Bol grande resistente al calor (opcional,
para recoger el suero)

Cuchara de cocina grande

Cuchillo (opcional)

Bol grande para el hielo

Cucharita

1 Mide una cuarta parte del suero de mantequilla y reserva el resto.

4 Bate el suero con la leche y calienta la mezcla a 35 °C.

2 Disuelve la pastilla de cuajo en el agua fría y reserva.

3 Echa la leche en el cazo.

5 Añade a la leche el cuajo disuelto en agua y mézclalo todo bien hasta asegurarte de que el cuajo queda bien incorporado.

6 Apaga el fuego, retira el cazo de los fogones y tápalo. Deja que repose unos 15 minutos.

PRIMER
PLANO

Lo ideal es que la
cuajada suba desde
los bordes de la olla
como una masa
«sólida».

7 Durante ese tiempo, prepara un colador forrado con un paño o estameña y ponlo sobre un bol en caso de que quieras conservar el suero (*véase* pág. 21 o si no coloca el colador directamente en el fregadero.

8 Pasados los 15 minutos, la cuajada del cazo debe tener aspecto de yogur. Al presionar los bordes con una cuchara, la cuajada debe separarse, pero también es posible que quede en trozos flotando sobre el suero. Ponlo de nuevo a calentar.

11 La cuajada disminuirá al cocer mientras la mueves con el suero caliente. Deberían quedar trozos del tamaño de una almendra.

12 Recupera la cuajada que queda en el fondo del cazo y corta los trozos más grandes para que se cuezan de manera uniforme.

9 Usa la cuchara o un cuchillo para cortar los trozos más grandes de cuajada en trocitos de 2,5 cm, pero no lo remuevas aún.

10 Baja el fuego a temperatura media y deja que hierva la cuajada 1 minuto más o menos, después mueve suavemente los trozos mientras lo calientas a 46 °C (pero no rompas la cuajada por remover con demasiado entusiasmo).

13 Cuando veas que tiene un tamaño adecuado, baja el fuego y mantenlo a 46 °C mientras vas removiendo la cuajada y el suero y compruebas que ha pasado de tener textura de yogur a textura de huevos revueltos (de unos 5 o 15 minutos).

14 Retira un par de trocitos de cuajada con una cuchara y apriétalos para comprobar que tengan la consistencia adecuada. Ésta debe ser ligeramente elástica y no disolverse fácilmente. Si se disuelve, sigue calentándola y removiéndola, y «pellízcala» a cada minuto.

15 Apaga el fuego cuando la cuajada parezca tener la consistencia adecuada. Este paso será más rápido a medida que adquieras más experiencia observando los cambios y regulando la temperatura.

16 Cuela la cuajada y el suero.

19 Prepara el bol con hielo y enfría agua del grifo en un bol grande.

20 Recoge el paño o la estameña con la cuajada e introdúcelo en el agua fría, sujetando los extremos del paño como si fuera una bolsa. El frío hará que la cuajada se forme y no que quede suelta como en el queso ricotta.

A ESTO SE LE LLAMA «MOLER» LA CUAJADA.

17 Deja que escurra la cuajada y enfríala de 3 a 5 minutos antes de sacarla con las manos bien limpias.

18 Mezcla bien la cuajada y desmenúzala en el tamaño que quieras, puedes hacerla en trozos del tamaño de una almendra o en trocitos pequeños como pipas de girasol, pero debes tener en cuenta que en los pasos siguientes se encogerá.

21 Mueve la bolsa de paño dentro del baño de agua fría para asegurarte de que la cuajada se enfría de manera uniforme. Cuando la cuajada esté toda ella fría, retuerce y exprime el paño para eliminar el exceso de agua.

22 Extrae la cuajada del paño y colócala en un bol limpio.

23 Con una cuchara, o bien con tus manos, desmenuza la cuajada que haya podido quedar compacta al escurrir el paño. Añádele sal y el resto del suero de mantequilla y remuévelo todo bien.

24 Tu queso cottage ya está listo para servir.

¡LO HAS CONSEGUIDO, HAS ELABORADO TODO UN CLÁSICO!

VARIACIONES Y SUSTITUCIONES

- A fin de aportar más humedad, cremosidad y aroma, sustituye el suero de mantequilla del paso 23 por 125 ml de crema de leche, leche o yogur, según gustos.

- Usa leche desnatada o semidesnatada en vez de leche entera.

- En vez de la ¼ parte del suero de mantequilla del inicio, añade a la leche 2 cucharadas de zumo de limón.

- Combínalo con ralladura de limón y fruta fresca (piña o melocotón) cortada en dados para hacer una ensalada de fruta; o, para que resulte más sabroso, mézclalo con hierbas frescas bien troceadas (como perejil y cebollino) y una pizca más de sal.

PIÑA A LA PARRILLA
CON REQUESÓN

— **PARA 2 RACIONES** —

Ésta se la dedico a mi mamá, que cuando yo era una niña solía mimarme con las ensaladas de fruta y requesón que vendían en los puestos de frutas mexicanos. Los puestos son como santuarios de fruta: zumos, batidos, polos y ensaladas de frutas tropicales. Tenía la suerte de que mi paladar encontraba aquellas ensaladas demasiado dulces y recargadas, y entonces se las quedaba todas para ella. Mi moderna interpretación es bastante más sencilla, pero tiene suficiente sustancia para hacerla especial.

- 2 rodajas de piña
- 1 taza de requesón (queso cottage)
- 2 cucharaditas de pipas de girasol
- 2 cucharaditas de uvas pasas
- 2 cucharaditas de miel

Trocea una piña (es más fácil de lo que parece) y desecha las partes que no puedas comer. Córtala en rodajas de 1,5 centímetros de grosor. A mí me gusta la parte central de la piña, pero si la encuentras demasiado fibrosa, córtala rodaja a rodaja pero desechando esa parte. Aparta dos rodajas y guarda el resto en la nevera para otra ocasión. Tuesta la piña en el grill del horno, también puedes asarla en una parrilla o en una sartén. Colócala en un plato y añade por encima el requesón hecho en casa. Espolvorea por encima las pipas de girasol y las pasas y rocía con un poco de miel.

PANEER CON CURRY

El paneer es un queso fresco que se utiliza mucho en la cocina india, es muy asequible y apto para vegetarianos. Es posible que lo hayas visto en platos con curry y hayas pensado que es tofu, no lo es pero se comporta del mismo modo. No se deshace y absorbe el sabor del alimento al que acompaña, lo que lo hace idóneo para los estofados y los platos salteados. El paneer y el curry combinan muy bien, así que ¿por qué no hacer con ellos un paneer de curry? En esta receta, la leche se hierve con curry en polvo, de modo que se infusiona y toma su sabor desde un principio. Claro está que puedes omitirlo y hacer paneer a secas para usarlo en un saag paneer (espinacas y queso) y otros platos indios tradicionales, pero como verás en la sugerencia que acompaña la receta, esta versión es especial cuando se hace en sartén.

Yo utilizaba zumo de lima embotellado porque se conserva más tiempo, pero puedes usar la misma cantidad de zumo de lima fresco o cualquier otro ácido de los que hemos hablado en la sección de «La despensa del fabricante de quesos en una hora». El paneer puede hacerse también con leche de cabra, o bien mitad de leche de vaca y mitad de cabra. Es un queso del tipo «usa lo que tienes», muy práctico siempre que se pregunta: «¿Qué hay para cenar?».

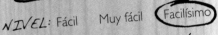

GRADO DE DIFICULTAD

NIVEL: Fácil   Muy fácil   (Facilísimo)

TIEMPO DE PREPARACIÓN:
1 hora

CANTIDAD: 450 gramos

LO MÁS DIFICULTOSO:
Hay que estar atento a la temperatura para evitar que hierva la leche y se derrame.

USOS: Guisos, salteados, ensaladas o currys; se utiliza como proteína semejante a la del tofu o el pollo.

LECHE ACONSEJADA: 3,8 litros de leche de vaca entera (pueden utilizarse otras, véase «Variaciones y sustituciones»).

NOTA: Es muy fácil reducir los ingredientes, por lo tanto puede hacerse tan sólo la mitad o un cuarto.

INGREDIENTES

120 ml de zumo de lima (más 2 cucharadas extras para ajustar la acidez)

3,8 litros de leche de vaca entera (no ultrapasteurizada)

2 cucharadas de curry en polvo

2 cucharaditas de sal en escamas o flor de sal

CONSEJO:
Deja la leche a temperatura ambiente, 1 o 2 horas antes, así te será más rápido y fácil calentarla.

UTENSILIOS

Taza medidora

Cuchara de mesa

Colador grande

Paño de cocina de trama fina o estameña

Bol grande resistente al calor (opcional, para guardar el suero)

Cazuela de 4 litros aprox.

Batidora manual

Termómetro de cocina

Cuchara de cocina grande

Plato llano pequeño

Garrafa de agua llena para presionar el queso

1 Mide los 120 ml de zumo de lima y reserva las dos cucharadas extras.

4 Añade a la leche el curry en polvo y mézclalo muy bien.

¡QUÉ REMOLINO!

2 Forra el colador con la estameña o el paño fino, y si deseas conservar el suero coloca debajo un bol (*véase* «Usos del suero», pág. 31), de lo contrario pon el colador directamente dentro del fregadero.

3 Vierte la leche en la cazuela. Reserva el envase (si es grande) para utilizarlo más tarde y presionar con él el queso.

5 Calienta la leche a fuego medio hasta que alcance unos 93 °C, casi a punto de ebullición. Vigílala de cerca, removiéndola cada pocos minutos para evitar que se forme una capa en la superficie y que se pegue en el fondo de la cazuela (si notas que eso sucede, reduce el fuego).

6 Observa la espuma de la leche a medida que llegue a los 93 °C (estate muy atento pues es una temperatura cercana a la ebullición). Cuando llegue a esa temperatura, añádele el zumo de lima y remueve bien.

NO LA DESHAGAS, TAN SÓLO DALE VUELTAS.

7 La coagulación debe producirse en unos segundos y es muy importante, de modo que si ves que no es así, comprueba la temperatura y añade más zumo de lima –una cucharada a cada vez–, hasta que veas que la leche ha cuajado.

8 Una vez ya ha cuajado, baja el fuego y remueve suavemente durante 2 minutos. Remover la cuajada hace que ésta se reduzca y suelte suero, lo que hará que el paneer quede más firme.

10 Añade la sal y remueve a conciencia pero con rapidez. La sal y el aire que penetra en la cuajada hace que ésta suelte suero y quede más seca, si se hace con rapidez quedará blanda y podrá comprimirse mejor.

11 Mientras mezclas la cuajada, puedes añadir más sal, al gusto. Si has pensado en usar el paneer en un guiso fuerte, echa menos sal, pero si tu idea es comerlo tal cual, quizás necesite un poco más.

9 Con cuidado, echa la cuajada sobre el paño y deja que se vaya colando de 3 a 5 minutos o hasta que tenga el aspecto de los huevos revueltos. Si la remueves suavemente, contribuirás a que suelte el suero.

¡EL MOMENTO DEL ZUMO DE LIMA!

La acidez del zumo de lima variará según la marca del zumo (algunos contienen más agua, e incluso azúcar), de modo que elije uno que sea puro zumo de lima para que las medidas sean las apropiadas. Puedes de todos modos hacer queso con el que encuentres, pero tendrás que añadir más si ves que no se produce la coagulación en el momento preciso. ¿Ha quedado demasiado ácida? Lávala con agua y así eliminarás parte de la acidez.

12 Une los extremos del paño de cocina y anúdalos fuertemente, después aprieta el hatillo para que pierda más suero.

13 Coloca el hatillo en el colador (ahora, el molde) y ponle encima un plato llano o una tapa.

14 Llena una garrafa con agua, colócala sobre el plato y úsala como un peso para prensar el queso. Déjala al menos 15 minutos, cuanto más tiempo esté presionando el paneer más firme quedará éste.

15 Desata el hatillo y ya tienes el paneer con curry listo para comerlo tal cual o utilizarlo en otras recetas. (Puedes enfriarlo en la nevera toda la noche una vez que lo has prensado bien, pero en caso de apuro, si tienes prisa, bastará con que lo enfríes en la nevera durante unos 10 minutos).

NOTA Si tuestas el paneer con un poco de ghee o de aceite de coco te quedará firme y con un ponito aspecto para hacer salteados, fajitas, salsas y platos con curry.

VARIACIONES Y SUSTITUCIONES

- Utiliza leche desnatada o semidesnatada. El paneer no quedará tan cremoso para tomarlo solo, pero si lo usas en guisos quedará muy blando y en las salsas seguirá estando firme.

- Usa zumo de limón o vinagre de vino blanco en vez de zumo de lima.

- Como he mencionado anteriormente, puedes obviar el curry y optar por hacer un paneer sencillo: es una proteína muy versátil para usar tanto en platos dulces como en salados.

- Sustituye el curry en polvo por las hierbas o especias que desees: pimienta negra molida, cúrcuma o incluso romero.

ENVUELTOS DE LECHUGA CON CURRY

— 2-4 ENVUELTOS; 2 RACIONES —

¿Alguna vez has sentido antojo de tomar curry en verano pero no en un guiso, con todo el calor? ¡Estos envoltorios satisfarán tu capricho! Llévatelos al trabajo (envuelve los ingredientes y móntalos justo cuando te los vayas a comer), son una gran alternativa al sandwitch de pavo.

- 1 taza de paneer con curry en dados
- 4 cucharadas de ghee (pág. 240), o aceite de coco para freír
- Sal marina al gusto
- Una pizca de cayena (opcional)
- 2 hojas grandes (o 4 pequeñas) de lechuga romana o iceberg
- 4 cucharadas de yogur

Dora los dados de paneer con curry en un poco de ghee o en aceite de coco (déjalos un poco crujientes antes de darles la vuelta, así no se pegarán). Sécalos con papel de cocina si es necesario y espolvoréalos con sal (y un poco de cayena en polvo si te gusta el picante). Pon los dados dorados sobre las hojas de lechuga, previamente lavadas y secas (puedes optar por hojas de acelga o berzas,0 si te gusta la verdura más consistente). Echa por encima unas cucharadas de yogur agrio (yogur de baja tecnología, página 243), y haz unos pequeños hatillos.

Opciones: Prueba con tomates, mango o chutney de cilantro, o haz el *hippy*, usa un pelador y haz tiritas de pepino, zanahoria, jícama, rábano, manzana, remolacha o cualquier verdura o fruta que te apetezca. Mézclalo todo con zumo de lima y un poco de sal y envuélvelo con las hojas de lechuga. ¡Saludable y gratificante!

QUESO DE CABRA FRESCO

T e habrás fijado que en los estantes de los supermercados hay un estante de productos lácteos etiquetados *chèvre*, una palabra francesa que significa «cabra», y en ese contexto se refiere a los quesos elaborados con leche de cabra. El queso freso es un queso suave que se hace con leche de vaca y que a menudo se ofrece en los restaurantes mexicanos con tostadas o enchiladas. Así que, nuestro queso fresco de cabra es, en mi opinión, una buena alternativa. Podría decirse que este queso es el resultado de la unión entre el queso fresco y el queso de cabra: un sabroso bebé.

Si crees que no te gusta el queso de cabra, te sorprenderá esta versión: siguiendo la tradición europea de combinar diferentes leches, utilicé la mitad de leche de vaca y la mitad de cabra para obtener un sabor más suave, y además esa combinación mejora la coagulación y el rendimiento. Dicho esto, tú puedes hacer un queso fresco más convencional usando sólo queso de vaca. Siguiendo la tradición mexicana de los quesos enchilados, yo añadí a esta receta ají en escamas, pero tú puedes no añadir nada o bien cualquier otra cosa que pueda hacerlo más atractivo: cebollino, ajo en polvo, o una mezcla de especias criollas.

GRADO DE DIFICULTAD

NIVEL: Fácil   Muy fácil   (Facilísimo)

TIEMPO DE PREPARACIÓN:
40 minutos

CANTIDAD: Unos 280 gramos

LO MÁS DIFICULTOSO:
Controlar la temperatura para evitar que se sobrecaliente.

USOS: Desmenuzado o en rodajas sobre casi todo, especialmente en plato de cocina latinoamericana. Úsalo caliente o simplemente escurrido para añadir a verduras asadas o a la pasta.

LECHE ACONSEJADA: 1 litro de leche de vaca entera y 1 litro de leche de cabra (admite variaciones).

NOTA: Presiona el queso como el paneer con curry (pág. 67) si deseas un queso más firme o úsalo inmediatamente después de escurrirlo si deseas un queso semicremoso.

INGREDIENTES

1 litro de leche de vaca entera
(no ultrapasteurizada)

1 litro de leche de cabra

60 ml de vinagre de manzana

1 cucharadita de flor de sal (al gusto)

1 cucharadita de chili en escamas
(al gusto)

UTENSILIOS

Colador grande

Paño de cocina o estameña

Bol grande resistente al calor (opcional,
para guardar el suero)

Cazuela de 3 litros

Termómetro de cocina

Cuchara grande de cocina

Taza medidora

Cucharita

Molde de queso (opcional)

Jarra o botella de 0,5 litros para prensar
el queso

1 Forra el colador con un paño o estameña. Coloca un bol debajo si deseas conservar el suero (*véase* «Usos del suero», pág. 31), de lo contrario, coloca el colador directamente en el fregadero.

4 Cuando la temperatura de la leche llegue a los 93,3 °C, añade el vinagre de manzana y remueve concienzudamente.

2 Echa los dos litros de leche en la cazuela y caliéntala, a fuego medio, a 93,3 °C.

3 Quédate cerca del fuego y controla la temperatura, removiendo la leche cada pocos minutos para evitar que se forme una capa en la superficie. Comprueba que no se pegue la leche en el fondo de la cazuela. (Si ves que esto sucede, reduce el fuego).

5 Puede coagularse en cuestión de segundos.

¡ALERTA DE
CUAJADA!

6 Aparta la cazuela del fuego y remueve suavemente la cuajada durante 1 minuto (no la separes, sólo remuévela mientras se reduce y pierde suero).

7 Echa la cuajada y el suero en el colador. Deja que se escurra de 2 a 5 minutos, remueve suavemente para que salga el suero, hasta que la cuajada tenga aspecto de una papilla espesa.

8 Añade la sal y el chili a la cuajada (puedes hacerlo en el colador mismo o en un bol).

11 ... escurre el hatillo que hagas con el paño en uno de los moldes mencionados en el apartado «Lista de utensilios» (pág. 10), como se muestra en la fotografía. Aquí, uso un recipiente de queso ricotta para darle forma.

12 Prensa bien el hatillo en el molde y dobla el paño cuidadosamente en la parte de arriba.

9 Remueve bien para que la cuajada se enfríe y se seque. La sal y el aire que recibe al moverla hacen que pierda suero, de modo que si remueves poco y rápido el resultado será una cuajada suficientemente blanda para que se pueda prensar bien. Pero si deseas que quede desmenuzado, remueve tanto como quieras.

10 Con las puntas del paño haz un nudo bien fuerte. Puedes prensar el queso directamente en el colador (como se muestra en la receta del paneer con curry, pág. 67) o...

13 Coloca encima una botella o una jarra llena de agua durante unos 15 minutos. Del molde saldrá más suero.

14 Quita el peso y destapa tu maravilloso queso.

15 Tienes un queso de cabra fresco listo para desmenuzar dentro de unos tacos o para comértelo con pepinillos o directamente con chips de tortilla y guacamole. Cuanto más lo enfríes más fácil te será cortarlo en lonchas.

- No le eches chili o sustitúyelo por hierbas secas, pimienta molida o ajo asado finamente troceado.

- Añade sal ahumada en vez de sal común para darle más sabor.

- Usa el 100 % de leche de vaca o el 100 % de leche de cabra (cuando emplees la leche de cabra al 100 %, usa doble capa de estameña o un paño doble de cocina, pues la cuajada de la leche de cabra suele formarse en fragmentos muy pequeños).

- Una vez frío y firme, córtalo en rodajas y fríelo como el paneer con curry (pág. 67).

- Detente después del paso 9, antes de prensar el queso, y úsalo desmenuzado.

BÁNH MÌ MEXICANO (¡MI TORTA!)

— 2 SANDWICHES · 2 RACIONES —

La primera vez que probé un bánh mì (una especie de bocadillo vietnamita) me quedé de inmediato prendada de sus combinaciones, tan exóticas a la vez que familiares. Crecí comiendo tortas (bocadillo mexicano) con cilantro y pimientos picantes; y el báhn es similar, si bien tiene sus propias extraordinarias características. En esta sugerencia, ofrezco lo mejor de ambos, y el resultado es delicioso. Como diría mi compañero Jeff, me duele el brazo de tantas palmaditas como yo misma me doy en el hombro.

2 baguetes pequeñas*
2 cucharaditas de mayonesa
½ taza de queso de cabra fresco desmenuzado
½ aguacate en rodajas
8 jalapeños frescos o en conserva
½ pepino cortado en tiritas finas
8 ramitas de cilantro

Abre por la mitad las crujientes baguetes, úntalas con mayonesa y después rellénalas con el queso de cabra fresco, las rodajas de aguacate, los jalapeños (en escabeche si los encuentras, si no, también son buenos frescos, si soportas bien el picante), las tiritas de pepino y el cilantro. Para una mayor consistencia, registra la nevera en busca de sobras de pollo asado, tempeh o atún y añádelo a las baguetes.

---

* ¿No comes trigo? Fríe una tortilla de maíz con un poco de aceite de coco y rellénala con los mismos ingredientes. (No es necesario ponerle un nombre intercultural).

QUESO TOSTADO CON MIEL

Para hacer esta receta me inspiré en el queso finlandés *juustoleipä* (conocido también como pan de queso), un queso precocinado hecho originariamente con leche de reno que puede mojarse en el café o comerse en el desayuno como si fuera una tostada. ¡No podía dejar la oportunidad de jugar con *esa* idea!

Me vino la idea de añadirle el sabor del cardamomo (que no es finlandés, pero está inspirado en el ras malai, un postre indio hecho con paneer y aromatizado con sirope de cardamomo), que le aporta el calor del condimento, tan adecuado en los días fríos. Bien fría o ligeramente tostada, esta versión hecha con leche de vaca es como una tostada con mantequilla. El queso tostado con miel tiene la consistencia y el sabor de un pastel de queso de ricotta. Cúbrelo con unos jugosos frutos del bosque para disfrutar de él como delicioso postre, ¡o haz como los finlandeses y mójalo en el café!

GRADO DE DIFICULTAD

NIVEL: (Fácil)   Muy fácil   Facilísimo

TIEMPO DE PREPARACIÓN:
1 hora

CANTIDAD: 225 gramos

LO MÁS DIFICULTOSO:
Paso de ebullición extra, que significa más platos sucios.

USOS: Como tostada, pastel de queso o sustituyendo a la base de una tarta de fruta.

LECHE ACONSEJADA: 1,8 litros de leche de vaca (receta flexible, véase «Variaciones y sustituciones»).

NOTA: Puedes tostarlo antes de servirlo como se indica o saltarte ese paso. El queso quedará firme al enfriarse y tendrá un aspecto similar al del paneer con curry (pág. 67) pero dulce.

INGREDIENTES

1 ramita de canela

10 semillas de cardamomo

1,8 litros de leche de vaca

60 ml de vinagre de manzana

¼ cucharadita de flor de sal, o al gusto

2 cucharadas de miel, por separado

3 cucharadas de mantequilla

UTENSILIOS

Mortero y mano de mortero

7 centímetros de cordel o bramante de algodón

Trocito de tela de 10 x 10 cm, o un filtro de café

Colador grande

Paño de cocina o estameña

Bol resistente al calor (opcional, para conservar el suero)

Cazuela de 3 litros

Cuchara grande de cocina

Termómetro de cocina

Taza medidora

Cucharita

Bol de tamaño medio para la cuajada

Cuchara de mesa

Sartén de 20 centímetros de diámetro

Plato para el horno

Cuchara para prensar el queso

Bol pequeño resistente al calor

NOTA Este queso está listo para comer al final de la parte 1, o bien puedes guardarlo en la nevera hasta que estés preparado para la parte 2. Con la práctica, podrás hacer las partes 1 y 2 en una hora o menos.

O APLÁSTALO BIEN TODO CON LA AYUDA DE UNA TAZA O UN TARRO DE COCINA.

1 Maja las semillas de cardamomo y la canela en el mortero con la ayuda de la mano del mortero para que suelten sus aceites y aromas.

4 Echa la leche en la cazuela.

COMO UNA BOLSITA DE TÉ CASERA.

2 Reúne las especias en el trozo de tela pequeño y átalas con el bramante; también puedes introducirlas en un filtro de café para hacer un pequeño hatillo. Reserva.

3 Forra el colador con la estameña o el paño de cocina. Si deseas conservar el suero, coloca un bol (*véase* «Usos del suero», pág. 31), de lo contrario colócalo directamente en el fregadero.

5 Echa el hatillo con las especias en la cazuela de la leche y calienta ésta a fuego medio hasta que alcance los 93 °C.

6 Permanece cerca del fuego y contrólalo removiendo cada pocos minutos para evitar que se forme una capa de grasa en la superficie. Cuida también de que no se pegue la leche en el fondo de la cazuela (reduce el calor si ves que eso sucede).

7 Cuando la leche llegue cerca de los 93 °C verás que se produce vapor y hace espuma (debe parecer espuma, pero no debe hervir). Saca el hatillo de las hierbas cuando la leche alcance la temperatura adecuada.

8 Comprueba con el termómetro que la temperatura de la leche ha alcanzado los 93 °C.

11 Apaga el fuego y vierte con cuidado la cuajada en el colador forrado con el paño.

12 Deja que se escurra la cuajada, de 3 a 5 minutos o hasta que su textura se parezca a la de las palomitas de maíz.

¿NO VES ESTO? ROCÍALO CON UN POCO MÁS DE VINAGRE HASTA QUE TE QUEDE ASÍ.

9 Añade el vinagre de manzana y remueve. En pocos segundos se producirá la coagulación, ¡y es espectacular! (si por alguna razón no ocurre así, añade otra cucharada de vinagre de manzana, pues hay marcas de vinagre que tienen menos acidez).

10 Reduce el fuego y remueve suavemente la cuajada durante 2 minutos (no la deshagas, sólo muévela). Remover la cuajada hace que ésta se reduzca y suelte suero, lo cual hará el queso más firme.

13 Añade la sal y remueve rápida y concienzudamente.

14 Recoge las puntas del paño de cocina y átalas con un nudo fuerte, apretando el hatillo para que suelte más suero.

15 Extrae la cuajada del paño y colócala en un bol de tamaño mediano. Mézclala con una cucharada de miel. (Nota: El color de la miel varía de un tono pajizo a melaza oscuro. Prueba con diversas mieles, todas ellas aportan sabores diferentes).

16 Amasa durante un minuto para darle una textura más consistente. Sabrás que tiene el punto adecuado cuando se formen terrones. Ya tienes el queso preparado para comerlo tal cual, caliente, (pruébalo con una tostada y un poco de jamón por encima) o bien para guardarlo para otro momento.

3 Usa una cuchara para prensar la pasta del queso sobre la sartén.

4 Echa el resto de la miel sobre el queso que has aplanado. Parte de ella se mezclará con el queso mientras se calienta en el siguiente paso, y parte quedará por encima.

1 Derrite la mantequilla y la miel restante en una sartén durante 1 minuto.

2 Echa la miel y la mantequilla derretidas en un bol pequeño. Deja un poco en la sartén.

5 Tuesta el queso con la sartén sobre el fuego o ásalo en el horno precalentado a 230 °C hasta que quede tostado y haya absorbido la mantequilla y la miel, unos 15 minutos aproximadamente. Deja que se enfríe en la sartén.

6 Vuelca la sartén sobre una superficie de trabajo y deja que caiga el queso, la parte de abajo debe estar también tostada.

7 Corta el queso una vez frío y con la ayuda de un tenedor introdúcelo en tu café. ¡Te sabrá a poco!

- Sustituye el cardamomo por canela y la miel por sirope de arce para hacer un ¡queso tostado francés!

- Sigue jugando con las especias: prueba con clavo entero o molido, anís estrellado o nuez moscada.

- Amasa el queso con trocitos de fruta seca antes de asarlo: albaricoques, manzanas, uvas pasas, etc.

- Utiliza leche desnatada o semidesnatada. El queso tostado semidesnatado es muy consistente pero cuando se enfría queda muy bien para hacer de base para las tartas de fruta.

- Sustituye la sartén por moldes pequeños para hacer «pasteles individuales» con frutos del bosque.

- Trabaja la masa en forma de empanadas y fríelas con mantequilla en una sartén. Rocíalas con miel cuando aún estén calientes.

PASTEL DE QUESO CUBIERTO DE FRESAS Y CHOCOLATE

— 4 RACIONES —

Todo el mundo conoce las fresas cubiertas de chocolate y a todo el mundo le encantan, pero ¿y el chocolate cubierto de fresas? ¡Cubriendo un pastel! Eso es definitivo.

- 56 g de chocolate negro
- 1 molde (o tres pequeños) del queso tostado con miel de la receta anterior
- De 5 a 8 fresas maduras, lavadas y cortadas en láminas

Raya el chocolate negro con la ayuda de un rallador de queso (¡por supuesto!) sobre el queso tostado caliente del paso 6, parte 2, de la receta anterior. Si estás utilizando el queso tostado frío, funde el chocolate y extiéndelo o rocíalo sobre el queso. Presiona las fresas troceadas dentro del chocolate. Cómetelo de inmediato o, mejor aún, enfría el queso tostado en la nevera durante unos 15 minutos o hasta que el chocolate esté firme y sostenga bien las fresas. Sirve con café fuerte, helado o caliente.

HALOUMI

El haloumi es un queso que cada vez es más fácil encontrar en las tiendas de comestible como «queso para hacer a la parrilla». Da un poco de pena que se traicione su nombre original por ese otro tan comercial, pero eso también significa que cada vez más personas tienen ahora la oportunidad de probarlo, lo cual es una buena cosa. Y el *marketing* tiene razón: el haloumi es ideal para asar o tostar a la parrilla, pues no se deshace. Es magnífico para hacerlo a la plancha, a la parrilla o asado en una sartén bien caliente. Su sabor salado y su textura firme hacen que case muy bien con las refrescantes verduras estivales. Pruébalo solo, con un poco de orégano por encima, o combinado con la tradicional menta u otras hierbas y especias que te vengan en gana.

El origen de este queso suscita bastante polémica, pues mientras unos defienden que su origen es turco, otros insisten en que procede de Grecia, y otros, del Líbano. Lo que está claro es que si hay tantos pueblos que defienden su origen, lo que deberías hacer es probarlo de inmediato y averiguar a qué se debe todo ese alboroto.

GRADO DE DIFICULTAD

NIVEL: Fácil (Muy fácil) Facilísimo

TIEMPO DE PREPARACIÓN: 1 hora

CANTIDAD: 225 gramos

LO MÁS DIFICULTOSO: Encontrar un bol grande para la cuajada y el suero y útil para horno microondas.

USOS: Para hacer a la parrilla o al grill y en cazuela.

LECHE ACONSEJADA: 1 litro de leche de vaca entera, 1 litro de leche de cabra.

NOTA: La receta está pensada para hacer en horno microondas, puede realizarse también de manera convencional, pero se necesitará un poco más de tiempo.

INGREDIENTES

¼ de tableta de cuajo vegetal

60 ml de agua sin cloro

1 litro de leche de vaca entera
(no ultrapasteurizada)

1 litro de leche de cabra

2 cucharaditas de sal en escamas

1 cucharadita de orégano seco

UTENSILIOS

Vaso medidor de 60 ml

Cazuela de tres litros

Termómetro de cocina

Batidora manual grande

Cuchara grande de cocina

Cuchillo (opcional)

Colador grande

Paño de cocina de trama fina o estameña

Bol grande resistente al calor (opcional,
para recoger el suero)

Bol grande adecuado para microondas

Cuchara de postre

Molde pequeño de pan o cualquier otro
molde para queso

1 Disuelve el cuarto de tableta de cuajo en 60 ml de agua y reserva.

¡VIGILA LA CUAJADA!

4 Sigue calentando la leche hasta 43 °C hasta que la cuajada y el suero se separen cuando introduces una cuchara. La cuajada debe tener el aspecto de un yogur, y el suero debe tener un color ligeramente amarillento.

2 Echa los dos litros de leche en la cazuela y caliéntalos a unos 35 °C.

3 Tan pronto como la temperatura alcance los 35 °C, añade el cuajo disuelto en agua. Utiliza una cuchara o una varilla para remover con movimientos rápidos para asegurarte de que queda bien mezclado.

TROCÉALA CON CUIDADO, NO LA AGITES.

5 Baja el fuego para mantener la temperatura a 43 °C. Si el suero aún tiene aspecto de leche, déjalo un par de minutos más. Introduce la cuchara de nuevo para comprobar si la cuajada y el suero se separan.

6 Cuando veas una clara diferencia en el color y la textura de la cuajada y el suero, usa la varilla (o un cuchillo) para trocear suavemente los trozos más grandes de la cuajada en piezas de unos 2,5 centímetros, aproximadamente (la distancia entre las tiras de la varilla te irá bien, no tienes que batir la cuajada).

7 Retira la cazuela del fuego y deja reposar la cuajada durante unos 15 minutos.

8 Mientras esperas, forra el colador con el paño de cocina o la estameña. Si deseas conservar el suero, pon debajo un bol (*véase* «Usos del suero», pág. 31), de lo contrario, colócalo directamente en el fregadero.

11 Calienta la cuajada en el microondas durante 2 minutos a máxima potencia. Después, remuévela unos 25 segundos (no necesitas el reloj de cocina, sólo cuenta un haloumi, dos haloumis, tres haloumis...).

¿NO TIENES HORNO MICROONDAS?

No pasa nada. Coloca la cazuela sobre el fogón a temperatura media y sigue las instrucciones para calentar a fuego medio de la página 107, pasos 10-14, después sigue las instrucciones del paso 15 de esta receta.

PRIMER PLANO

Espera a que la cuajada esté blanda y bien definida.

9 Remueve suavemente los trozos de cuajada durante unos 2 minutos para que la cuajada vaya encogiéndose en el suero caliente de manera apropiada.

10 Vierte todo el contenido de la cazuela (la cuajada y el suero) en un bol apto para horno microondas. La cuajada parecerá blanda pero bien definida.

¡CUIDADO, NO TE QUEMES!

12 Vuelve a introducir la cuajada en el microondas durante 2 minutos. Remueve bien unos cuantos segundos y después pincha un poco la cuajada para ver si está un poco elástica.

13 Vuelve a introducir la cuajada en el microondas por última vez durante 1 minuto. Esta vez, presiona la cuajada contra las paredes del bol para que suelte el suero que queda hasta asegurarte de que queda bien escurrida.

14 Si presionar la cuajada contra el interior del bol te resulta un tanto complicado y tus manos soportan el calor, presiona la cuajada con una cuchara y la ayuda de tus dedos.

15 Vierte la cuajada y el suero en el colador forrado y deja que se escurra todo el suero, de 2 a 5 minutos.

18 ... y orégano, y mézclalo bien.

19 Une los extremos del paño o del trozo de estameña, enróscalos y haz un pequeño fardo.

16 Presiona la cuajada dentro del colador para escurrir el resto del suero.

¿VES ALGO?
¡SÍ, SUERO!

17 Añade sal...

20 Escurre el fardo con la cuajada para que salga más suero aún.

21 Saca la cuajada del paño y pásala a un pequeño molde de cocina o improvisa cualquier molde para darle forma y enfriarla.

22 Con la cuchara grande presiona el queso firmemente hacia abajo y hacia las esquinas del molde.

23 Enfría el queso en la nevera de 5 a 15 minutos antes de trocearlo o pasarlo a una fuente de servir.

24 Corta el queso en porciones y cómetelo así mismo o bien pasado por la parrilla. O, si no lo necesitas al momento, déjalo que repose en la nevera, pues para tostarlo te irá mejor.

VARIACIONES Y SUSTITUCIONES

- Usa tan sólo leche de vaca si deseas un queso más suave.

- Para un queso más sabroso, sustituye el orégano fresco o seco por tomillo, zumaque o una combinación de hierbas provenzales.

- Coloca la cuajada caliente en moldes de magdalenas y tendrás unos quesitos individuales que puedes calentar en la parrilla o en una sartén.

ROLLITOS DE BERENJENAS ASADAS

— PARA 4 RACIONES —

¡Y también: delicias vegetarianas! Si haces esto en tu próxima barbacoa, tus amigos vegetarianos te lo agradecerán. Estos rollitos agradan a todo el mundo, de modo que haz muchos: no hay nada peor que gente omnívora comiéndose la comida vegetariana antes de que todo el mundo esté lleno. Mi solución para esos omnívoros insaciables es ésta: ¡hacer suficiente cantidad para todos!

4 berenjenas asadas en horno o a la parrilla
(cortadas longitudinalmente)

Aceite de oliva virgen extra y pimienta
al gusto

4 rebanadas de queso haloumi
de 1 centímetro aproximadamente

8 hojas de hierbabuena, menta
o albahaca

8 tomates cherry asados

Sal (opcional)

Con un pincel engrasa generosamente las berenjenas con el aceite de oliva, sálalas y ásalas o pásalas por la sartén o la plancha junto a las rebanadas de queso haloumi. Engrasa bien la parrilla para evitar que el queso se pegue, y no le des la vuelta hasta que quede bien crujiente (y tenga las marcas de la parrilla) por cada lado.

Pon una tajada de berenjena como base, coloca encima una rebanada de queso y sobre éste la menta o la albahaca y unos cuantos tomates asados. Enrolla la berenjena. Rocía el rollito con pimienta y más aceite de oliva (cuidado con la sal, recuerda que este queso es bastante salado).

Estos rollitos quedan bien sobre una fuente de lasaña si quieres prepararlos con antelación y después hornearlos un poco antes de servirlos. También pueden hacerse con calabacines, y si las berenjenas o los calabacines que tienes son pequeños, puedes presentarlos en capas, en vez de en rollitos.

FALSO CHEDDAR AHUMADO

Este queso ahumado es mi intento de hacer un cheddar en una hora. ¡ES IMPOSIBLE, LO SÉ, pero tenía que intentarlo! Hay quien me llama superdotada, pero yo digo que simplemente soy curiosa y optimista. Aun así, entiendo que como mucho una sólo puede imitar el proceso de envejecimiento artesanal, pero eso no significa que no haya descubierto una falsificación sabrosísima, para chuparse los dedos.

El color dorado de este falso ahumado se debe a la cúrcuma y a la paprika, y su delicioso sabor, a la paprika y la sal ahumadas. Si bien esta creación no era la que yo esperaba, no la ignoré, pues, como muchos otros experimentos culinarios, resultó ser una buena cosa. El proceso de elaboración, parecido al del haloumi, permite asarlo a la parrilla o en sartén, no se deshace, sino que queda crujiente y ligeramente tostado por fuera, pero con una textura tierna y suave por dentro. ¿Sabes a qué me refiero?

Frito en sartén, con un poco de mantequilla o ghee (nunca en una sartén que no sea antiadherente), se consiguen unos bocaditos de queso tostados sin pan: si los acompañas de algunas verduritas crujientes y de unos cuantos encurtidos, no echarás en falta el pan para nada. Para conseguir un auténtico cheddar en una hora, mucho me temo que seguirás teniendo que ir a la quesería de tu barrio. Por el momento, ¡disfruta de éste falso!

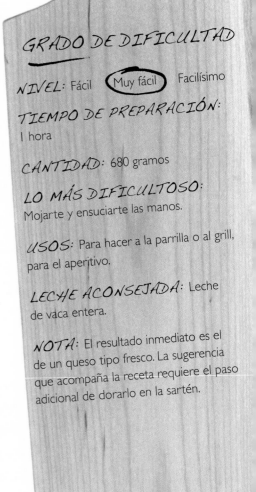

GRADO DE DIFICULTAD

NIVEL: Fácil (Muy fácil) Facilísimo

TIEMPO DE PREPARACIÓN: 1 hora

CANTIDAD: 680 gramos

LO MÁS DIFICULTOSO: Mojarte y ensuciarte las manos.

USOS: Para hacer a la parrilla o al grill, para el aperitivo.

LECHE ACONSEJADA: Leche de vaca entera.

NOTA: El resultado inmediato es el de un queso tipo fresco. La sugerencia que acompaña la receta requiere el paso adicional de dorarlo en la sartén.

INGREDIENTES

½ cucharadita de cúrcuma

2 cucharaditas de paprika ahumada

1 ½ cucharadita de sal ahumada

1 cucharadita de sal en escamas

½ tableta de cuajo de origen vegetal

120 ml de agua sin cloro

3,8 litros de leche de vaca entera
  (no ultrapasteurizada)

3 cucharadas de vinagre de manzana

UTENSILIOS

Cucharita

Cucharas

Boles pequeños

Taza de 120 ml

Colador grande

Paño de cocina de trama fina o estameña

Bol grande resistente al calor (opcional,
  para reservar el suero)

Cazuela de 5 litros

Varilla grande

Termómetro de cocina

Cuchara de cocina grande

Molde redondo pequeño u otro molde
  (opcional)

Una garrafa vacía para llenarla de agua
  por la mitad y prensar con ella el queso
  (opcional)

Plato o bandeja pequeña para prensar
  el queso (opcional)

1 Mezcla en un bol pequeño la cúrcuma y la paprika.

4 Forra el colador con un paño o una estameña. Si deseas conservar el suero, pon debajo un bol (*véase* «Usos del suero», pág. 31), de lo contrario, colócalo directamente en el fregadero.

2 Mezcla la sal ahumada y la sal en escamas en un bol pequeño.

3 Disuelve la media tableta de cuajo vegetal en la taza de agua sin cloro, reserva.

5 Echa la leche en la cazuela y añade el vinagre de manzana. Remueve bien con la varilla.

6 Añade las especias, remueve bien, y calienta la leche a fuego medio hasta 35 °C.

¡ALUCINA CON LAS ESPIRALES QUE SE FORMAN!

PRIMER PLANO

Quizás veas unos trozos grandes flotando en el suero en vez de una gran masa de cuajada, y es correcto.

7 Añade el cuajo y remueve con unas 20 vueltas para que quede disuelto uniformemente. Calienta a 40,5 °C.

8 Observa que la coagulación se produce en el momento que transcurre entre añadir el cuajo y cuando la leche alcanza los 40,5 °C. Cuando presiones suavemente la parte de arriba, la cuajada se separará del borde de la cazuela y entonces verás una clara separación entre el suero y ella.

11 Cuando la temperatura de la cuajada y el suero llegue a los 48,9 °C, reduce el fuego. Mantén la temperatura y con el dorso de la cuchara empieza a escurrir la cuajada contra las paredes de la cazuela.

12 Toma un poco de cuajada con la ayuda de la cuchara y presiónala con los dedos para comprobar si ha cambiado su textura.

9 Con una varilla o una cuchara rompe los pedazos de cuajada en trocitos de 2,5 cm (aproximadamente) ¡sin batir! Hazlo también con los trozos que quedan en el fondo de la cazuela. Deja que los trocitos que has cortado se cuezan en el suero unos dos minutos más. Calienta a 46,1 °C.

10 Vigila que la cuajada pase de tener una textura más blanda, tipo yogur, a una más resistente como la de los huevos revueltos. Sigue calentándola, esta vez a 48,9 °C, sin dejar de moverla con la cuchara, despacio pero de manera continua.

13 Una vez hayas escurrido toda la cuajada contra las paredes de la cazuela, apaga el fuego y déjala que repose durante 5 minutos, o hasta que quede unida cuando la escurres.

14 Si la cuajada no queda unida, déjala que repose de 5 a 10 minutos más, removiendo cada 2 minutos para ayudarla a que desprenda más suero.

15 Echa la cuajada y el suero sobre el colador forrado con el paño.

16 Deja que el suero se escurra durante unos 3 minutos o hasta que la cuajada quede casi seca, después, con las manos limpias, presiónala bien para que desprenda el resto del suero.

19 Une los extremos del paño y tuércelos para extraer el suero que queda.

20 Introduce el hatillo dentro del molde. Dependiendo del tamaño de éste, es posible que se derrame un poco de cuajada, entonces tendrás que sacar un poco para que encaje bien. En ese caso, divide la cantidad y haz dos quesos más pequeños.

A ESTO EN EL MUNDO DE LOS QUESOS SE LE LLAMA «MOLIENDA».

17 Ahora rompe con los dedos la cuajada que has prensado hasta que parezca palomitas de maíz.

18 Mezcla los dos tipos de sal y mézclalo bien con la cuajada. ¡Da muchas vueltas para que llegue al fondo!

¡CONTEMPLA TU DORADITO QUESO!

21 Si rebosa un poco, presiona para condensar el queso en el molde y crear así una textura más uniforme.

22 Introduce el molde en la nevera durante 5 minutos. Durante ese tiempo, la cuajada debe quedar comprimida en el molde. Si todavía la ves un poco desmigajada, es que quizás se ha secado y enfriado demasiado cuando la estabas moviendo y salando.

23 Ayudará presionar más: envuelve el queso, llena la garrafa con agua y úsala como un peso (coloca un plato pequeño o una bandejita en cima del queso para tener una base plana) pasados 10 minutos, deja el queso en la nevera unos 5 minutos más.

24 Desenvuelve el queso y sácalo del molde. Toma un cuchillo para queso y ¡ataca! Es muy sabroso cuando se come fresco (utilízalo como el queso de cabra fresco, pág. 75), pero cuando realmente brilla en todo su esplendor es cuando se fríe con un poco de mantequilla.

VARIACIONES Y SUSTITUCIONES

- Para una textura más firme, utiliza leche semidesnatada, o leche cruda de cabra para un aroma más penetrante. (Nota: Con este tipo de leches, la textura cremosa será menor).

- Deja de lado las especias y la sal ahumada y usa 3 cucharaditas de sal en escamas para lo que yo llamo «falso feta».

- Para dar un toque personal a tus bocaditos de queso a la parrilla, añádele especias o hierbas secas al gusto.

- No le des forma con un molde o no lo enfríes en absoluto y úsalo para hacer un queso fresco.

BOCADITOS DE QUESO A LA PARRILLA

— 4 RACIONES —

Como he mencionado anteriormente, este falso ahumado no es sólo un queso para guardar, sino también uno de mis favoritos en casa para hacer esta sugerencia. Si te gustan los sándwiches con queso pasado por la sartén, estos bocados te encantarán; son estupendos y cómodos para tomar bien como tentempié, bien para acompañar una sopa de tomate. Estos bocaditos crujientes son adictivos justo acabados de sacar de la sartén, pero pueden constituir también un plato completo.

¼ de 1 queso falso cheddar ahumado

De 2 a 4 cucharadas de mantequilla (pág. 236) o ghee (pág. 240)

4 o 6 hojas de lechuga y pepinillos finamente cortados, al gusto

Tiras de beicon crujientes, pepinos y otras verduras (opcional)

Corta el falso cheddar ahumado en 8 o 12 lonchas del tamaño de mini tostadas (de unos 6 x 6 cm, aproximadamente). Derrite una cucharadita de mantequilla o de ghee en una sartén. Tuesta las lonchas de queso a fuego medio hasta que queden doradas por ambos lados. Aplástalas con una espátula para que queden más blandas (al igual que el haloumi o el paneer no se deshace, pero queda más tierno y jugoso). Si es necesario, sécalas un poco con un papel de cocina, después ve haciendo pisos con los pepinillos y las hojas de lechuga, tan altos como desees.

A esta combinación no le sobran unas cuantas tiras de beicon. Los pepinos son estupendos, pero unas cuantas remolachas en vinagre, unas judías verdes e incluso unos espárragos también le van muy bien.

QUESO «CHIRRIANTE» A LA CERVEZA

Yo de pequeña no tomaba requesón, nunca lo había probado hasta hace unos tres años, cuando probé una versión con jalapeños en la tienda de quesos Rogue Creamery de mi localidad. Francamente, en la ciudad en la que crecí, en la frontera con San Isidro, California, nunca lo vi; y como hago queso y todo el tiempo manejo el requesón, cuando finalmente oí hablar de él me parecía algo insípido y raro. Pero, por fortuna, mi versión resultó rápida y deliciosa a la vez.

Si tú tampoco estás muy acostumbrado a tomar requesón, te aconsejo que pienses en él como si fuera palomitas de maíz o patatas chips. Diviértete añadiéndole especias, hierbas o sales aromatizadas. Es estupendo cuando un queso además de saber bien *suena** bien. Esta receta constituye un bocado especialmente sabroso y chirriante (lo cual encanta a los niños), y su preparación es muy divertida.

Prepara dos tandas de este requesón chirriante y deja que cada uno se lo prepare a su gusto: ¿pimienta negra y sal de limón o canela y azúcar? ¿Por qué no?

Nota: El baño de cerveza es un toque original que tienen algunos quesos exclusivos, y me encanta, además aporta cierta complejidad al queso; pero si deseas que esta receta la puedan tomar los niños, sustituye la cerveza por agua helada.

---

* Se trata de un queso que «chirría» al masticarlo debido al aire que queda atrapado en los poros de su cuajada, de ahí su nombre. *(N. de la T.)*

GRADO DE DIFICULTAD

NIVEL: (Fácil)   Muy fácil   Facilísimo

TIEMPO DE PREPARACIÓN: 1 hora

CANTIDAD: Algo menos de 450 gramos

LO MÁS DIFICULTOSO: Recalentar el suero para el baño con suero caliente, lo cual requiere tiempo.

USOS: Aperitivos, para sustituir a la pasta y los ñoquis.

LECHE ACONSEJADA: 3,8 litros de leche de vaca semidesnatada (opcional, *véase* «Variaciones y sustituciones»).

NOTA: No es imprescindible usar cerveza en esta receta, puede utilizarse vino o agua y también resultará magnífica.

INGREDIENTES

½ tableta de cuajo de origen vegetal

125 ml de agua sin cloro

3,8 litros de leche de vaca semidesnatada (no ultrapasteurizada)

3 cucharadas de zumo de limón

½ litro de cerveza fría

500 ml de cubitos de hielo

1 cucharadita de sal en escamas o al gusto

1 cucharadita de eneldo fresco o seco

½ cucharadita de pimienta blanca

UTENSILIOS

Taza de 125 ml

Colador grande

Paño de cocina de trama fina

Bol grande resistente al calor (opcional, para guardar el suero)

Cazuela de 5 litros

Varillas grandes

Cuchara

Termómetro de cocina

Cuchillo

Cuchara de cocina grande

Espumadera grande

Bol grande para el hielo

Papel de cocina

Bol grande para escurrir la cuajada (opcional)

Cucharita

1 Disuelve la media tableta de cuajo en el agua y reserva.

4 Calienta la leche, a fuego medio, a 35 °C.

2 Forra el colador con el paño de cocina o la estameña. Si deseas conservar el suero, pon debajo un bol (*véase* «Usos del suero», pág. 31), de lo contrario, colócalo directamente en el fregadero.

3 Echa la leche en la cazuela, añádele el zumo de limón y mezcla bien.

5 Añade el cuajo y mézclalo con 20 vueltas hasta que quede bien disuelto.

6 Sigue calentando la leche, a fuego medio, hasta 43 °C, para que se active el cuajo y tenga lugar la coagulación.

7 Puede que quede la cazuela llena de una cuajada con aspecto de yogur o bien con trocitos de cuajada flotando en el suero, ambos resultados son magníficos.

8 Con un cuchillo, corta la cuajada en trocitos de 2,5 cm. Si la leche de la cazuela está semisólida, corta la cuajada vertical y horizontalmente.

11 Disminuye el fuego para mantener la temperatura a 46 °C. Comprueba que toda la cuajada haya pasado de tener una textura tipo yogur a la de los huevos revueltos. Quedarán trozos más redondeados (al haber perdido los contornos cortados) y no se disolverán fácilmente al pincharlos.

12 Recoge los trozos de cuajada con una espumadera, échalos sobre el colador, y deja que escurran unos cuantos minutos.

9 Corta en ángulo para llegar hasta el fondo de la olla, de este modo, si tienes visión de rayos X, verás la cuajada en cubos de 2,5 cm. flotando en el suero.

10 Mueve suavemente los trozos de cuajada a la vez que sigues calentándolos hasta 46 °C. A medida que se vaya cociendo, la cuajada soltará más suero y se encogerá.

13 Con ayuda de las manos, aplana y presiona la cuajada como si fuera una tableta. Dóblala o dale la vuelta un par de veces para que suelte más suero.

14 Con un cuchillo, o también con las manos, corta la cuajada en trocitos y déjala reposar unos minutos para que suelte un poco más de suero.

15 Calienta de nuevo el suero a 74 °C. Suavemente ve introduciendo la cuajada de nuevo en el suero caliente. Calienta la cuajada de 5 a 10 minutos, removiendo muy poco, y controlando que se mantenga la misma temperatura.

16 Mientras la cuajada se calienta, prepara el bol con hielo, echa la cerveza dentro y remueve bien para que se enfríe uniformemente.

19 Pasa la cuajada a un bol forrado con papel de cocina para que se seque y mantenla así unos 2 minutos.

20 Seca bien la cuajada.

17 Una vez la cuajada está caliente, pásala de inmediato al bol con hielo con la ayuda de una espátula o un colador.

18 Remueve bien la cuajada dentro del bol con cerveza hasta que se enfríe por completo. Pínchala y pruébala. Debe tener una textura elástica y al morder un bocado debes sentir un ruidito.

21 Quita el papel de cocina.

22 Añade sal...

23 ... y eneldo y pimienta.

24 Mézclalo todo hasta que quede la cuajada bien cubierta.

25 El queso «chirriante» bañado en cerveza está listo. ¡Pilla otra botella de cerveza y ponte una peli!

VARIACIONES Y SUSTITUCIONES

- Si quieres que la cuajada quede más espesa y blanda, puedes usar leche de vaca entera, pero al morder no hará el característico ruidito.

- Da más sabor a la cuajada infusionando la leche con especias o hierbas. Si las hierbas son de tamaño grande, acuérdate de retirarlas antes de añadir el cuajo (con la coagulación quedarían enganchadas en la cuajada).

- Experimenta con diferentes sabores; eneldo y pimienta es una de las muchas combinaciones. ¿Qué tipo de patatas chips, palomitas de maíz o frutos secos te gustan? ¡Inspírate en esos sabores!

«PASTA» CHIRRIANTE PRIMAVERA

— 2 RACIONES —

Usa este queso para sustituir a la pasta. Dada la cantidad de gente que hoy día tiene intolerancia al gluten, esta receta será muy práctica, y aunque puedas comer la pasta tradicional, el cambio te resultará delicioso. Puedes hacer una tanda especial o bien usar los restos que te hayan quedado, el sabor de los cuales quedará prácticamente escondido si añades las variantes que se indican más abajo.

1 taza de queso «chirriante» a la cerveza

1 taza de cualquiera de los siguientes
   ingredientes: corazones de alcachofas,
   aceitunas negras, ajo asado, pimientos
   rojos asados o secos

1 taza de salsa de tomate (opcional)

1 cucharada de pesto o de hojas de
   albahaca cortada en juliana (opcional)

Queso parmesano reggiano (opcional)

Mezcla los gránulos de queso con los ingredientes sugeridos, al gusto. Cómelo frío o bien previamente calentado en una sartén. Pero si prefieres salsearlo, échale por encima un poco de salsa de tomate, pesto y queso parmesano. Una alternativa es usar los gránulos como «ñoquis», acompañados de mantequilla, ajo y champiñones salteados.

REDONDOS DE QUESO FRESCO

Algunos quesos de los que compramos en las tiendas vienen etiquetados como «crudos», pero no cumplen exactamente con esa categoría, pues si bien están elaborados con leche cruda (leche no pasteurizada), se han elaborado a más de 46,1 °C, la temperatura más alta a la que un alimento puede calentarse para poder ser considerado un alimento crudo. Además, al calentar la leche a más de 46,1 °C, ya sea antes o durante el proceso de elaboración del queso, se eliminan muchas de las enzimas y bacterias que hacen que la leche sea tan rica y nutritiva (para más información sobre la leche cruda o no pasteurizada, *véase* la pág. 15).

A mí me atraía la idea de hacer un queso realmente crudo para poder disfrutar de los beneficios de la leche cruda.

Si a la leche cruda y caliente (cercana a la temperatura del cuerpo de la vaca) le añades un ácido, el resultado será un queso tierno, tipo requesón, como éste, una demostración auténtica de lo facilísimo que es hacer queso con leche fresca.

Este queso debe su acidez al zumo de limón, que además le aporta un sabor extremadamente fresco. Se funde fácilmente, y aunque cuando esto sucede pierde algunas enzimas, es estupendo poder tener esa opción por medio de un proceso tan rápido. Tan rápido es que puedes hacerlo y comértelo todo en media hora.

¡Dicho y hecho!

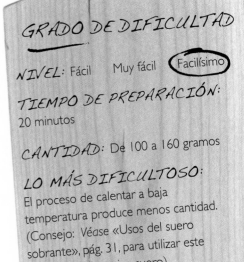

GRADO DE DIFICULTAD

NIVEL: Fácil   Muy fácil   (Facilísimo)

TIEMPO DE PREPARACIÓN:
20 minutos

CANTIDAD: De 100 a 160 gramos

LO MÁS DIFICULTOSO:
El proceso de calentar a baja temperatura produce menos cantidad. (Consejo: *Véase* «Usos del suero sobrante», pág. 31, para utilizar este extraordinario y rico suero).

USOS: Tomarlo crudo o con pizzas, verduras asadas o enchiladas.

LECHE ACONSEJADA: Leche de vaca entera, sin pasteurizar.

NOTA: Quizás necesites 3 cucharadas extras de zumo de limón.

INGREDIENTES

1,8 litros de leche de vaca cruda

1 cucharada de sal en escamas

125 ml y 3 cucharadas soperas de zumo de limón, acabado de exprimir y colado

UTENSILIOS

Cazuela de 3 litros

Cuchara

Termómetro de cocina

Taza de 125 ml

Cuchara de servir grande

Guantes (opcional)

1 Echa la leche en la cazuela.

4 Vierte en la cazuela el zumo de limón (reserva las 3 cucharadas adicionales) y ve removiendo bien hasta que la leche alcance una temperatura de 43,3 °C.

2 Añade la sal a la leche y remueve para que se disuelva bien.

3 Calienta la leche con la sal, a fuego bajo o medio, hasta los 40,5 °C.

¡CUAJADO!

CONSEJO Hay quien prefiere evitar usar zumo de limón fresco para hacer queso porque la acidez varía mucho. Si bien eso es cierto, si exprimes un poco más de lo que necesitas cuando preparas los ingredientes, puedes dejar de añadirlo a la leche cuando veas que ésta coagula. Si necesitas un poco más, añade una cucharada más de golpe, y si ves que te has pasado y que el queso te ha quedado un poco seco, la próxima vez ajusta la cantidad de zumo.

JUGOSIDAD EXQUISITA.

5 La leche se irá cuajando en ondas, con una textura parecida a la de un huevo escalfado. Si ves que la cuajada y el suero no se separan, añade una cucharada más de zumo de limón, remueve y espera unos 30 segundos a que se forme la cuajada.

NOTA Si tienes las manos sensibles, usa guantes o bien una cuchara.

6 Cuando veas que la leche ha coagulado, apaga el fuego. Comprueba que la temperatura no haya subido y, con cuidado, introduce las manos limpias en la cazuela para recoger y prensar la cuajada en bolitas de unos 7 u 8 centímetros.

7 Retira cuidadosamente la cuajada restante y ve formando unas minibolitas. Si presionas suavemente tendrás unas tajaditas tiernas, y si presionas con más fuerza el resultado serán unas migajas húmedas.

8 Podrás hacer una piezas redondas, de entre 7 u 8 centímetros. ¡Ya está listo para cortar en lonchas o desmigar sobre tu plato favorito!

VARIACIONES Y SUSTITUCIONES

- Espolvorea el queso con hierbas frescas o secas, pimienta molida o chili en escamas una vez cortado en rebanadas.

- Guárdalo en un bote de cristal con aceite de oliva con hierbas.

- Dale forma redonda, o no, y desmenúzalo.

MONTADITOS DE PIZZA CRUDA

— 2 MONTADITOS, 2 RACIONES —

¿Cuál es el reto? Pues de hacer nuestro tentempié favorito en sólo dos minutos. Prueba y amontona todo aquello que normalmente te gusta encontrarte en tu pizza y que también te gusta comer crudo. Y, por supuesto, también puedes usar este queso en una pizza normal, de manera tan rápida como harías con un delicioso queso para derretir.

- 4 «rebanadas» (elige entre rodajas de tomate, lonchas de berenjenas marinadas en aceite de oliva o rodajas de piña)
- 4 rodajas generosas del queso fresco de la receta
- ¼ de taza de los ingredientes que elijas para coronar los montoncitos (albahaca fresca, trocitos de espinacas, trocitos de pimiento rojo, aceitunas y/o champiñones marinados)
- 2 cucharadas de la «salsa» que prefieras (tomates secos en aceite de oliva, pesto, paté de aceitunas y/o un chorrito de aceite de oliva, y sal, pimienta y orégano)

Empieza a montar el plato colocando de base la «rebanada» que elijas. Coloca después una rodaja de queso fresco, los ingredientes para coronar el montoncito, y repite otra capa. Finalmente, echa por encima una cucharada de la salsa que hayas elegido. Mi montoncito de pizza cruda favorita es la que tiene de base rodajas de tomate, rodajas de queso fresco, y por encima, pimienta negra molida, aceitunas kalamata y pesto de albahaca. ¡Ñam!

QUESO «HACKEADO» A LAS TRES PIMIENTAS

Esta receta es mi carta de amor al queso monterrey jack, un queso que, cuando de pequeña comía quesadillas casi a diario, creía que se trataba de un queso mexicano. Después resultó que no era un queso creado en México, sino que tenía sus orígenes en California y algunos lazos con monjes españoles. Una de las muchas definiciones de la palabra «hack» que da nombre al queso de esta receta es la siguiente: «acceso no autorizado a un programa informático de manera prodigiosa», y si bien este queso puede que sea una versión no autorizada, si te gustan los nachos (¿a quién no?) y la destreza (nuevamente: ¿y a quién no?), te apasionará tener este queso en tu repertorio de prodigios. El proceso de esta receta no es el del verdadero monterrey jack (que tradicionalmente se deja envejecer durante uno o dos meses), pero yo he «hackeado» (amañado) y fusionado unas cuantas recetas estándar de manera que puedas disfrutar de creaciones similares en menos de una hora. Puedes realizar tus propios prodigios y creaciones adaptando esta receta a tu gusto: añádele más especias, déjalo sin sazonar, o ponle pimientos rojos y verdes suaves y asados. ¿Un queso «hackeado» con cinco pimientas, tal vez?

GRADO DE DIFICULTAD

NIVEL: Fácil   Muy fácil   (Facilísimo)

TIEMPO DE PREPARACIÓN: 45 minutos

CANTIDAD: 700 gramos

LO MÁS DIFICULTOSO: Ten mucho cuidado con tocar las pimientas (y luego los ojos). No es mala idea usar guantes.

USOS: Gran tentempié, estupendo añadido a los nachos, quesadillas, fritatas, tacos o patatas al horno.

LECHE ACONSEJADA: Leche de vaca entera, una taza de yogur (opcional, véase «Variaciones y sustituciones»).

NOTA: Esta receta se hace utilizando un horno microondas, se incluyen los pasos para calentarlo y elaborarlo de manera alternativa, pero implican más tiempo.

INGREDIENTES

1,5 cucharaditas de ácido cítrico

120 ml y 60 ml más de agua sin cloro

¼ de tableta de cuajo de origen vegetal

1 taza de yogur desnatado

3,8 litros de leche de vaca entera (no ultrapasteurizada)

2 cucharadas de jalapeños en vinagre a dados (como los que se utilizan en los nachos)

1 cucharada de chili en copos

1 cucharadita de pimienta negra majada

2 cucharaditas de sal en escamas

UTENSILIOS

Cucharita

Taza medidora de 120 ml

Taza de 60 ml

Varilla grande (opcional)

Cazuela de 5 litros

Cuchara de servir grande

Termómetro de cocina

Espumadera grande (opcional)

Bol grande apto para microondas

Cuchara

Guantes de plástico (opcional)

Bandeja pequeña o molde para el queso

Papel encerado

1 Vierte el ácido cítrico en los 120 ml de agua y reserva.

4 Echa la leche en la cazuela y añade el yogur mientras lo bates bien con la varilla.

¡UNA VARILLA
VA BIEN!

2 Disuelve el cuarto de tableta de cuajo en 60 ml de agua y reserva.

3 Remueve el yogur para que te sea más fácil incorporarlo a la leche.

5 Vierte el ácido cítrico en la leche y calienta ésta a fuego medio a 32 °C.

6 Cuando la leche llegue a una temperatura de 32 °C, añádele el cuajo disuelto en agua. Mézclalo con 20 paladas rápidas para que se incorpore de manera uniforme. Después, sigue calentado la leche hasta 40,5 °C, eso si usas después un horno microondas para estirar el queso, si no, caliéntala a 43,3 °C.

CONSEJO Comprueba siempre la temperatura en diferentes sitios de la cazuela, pues ésta puede estar más caliente por un sitio que por otro. La leche alcanza la temperatura deseada enseguida, de modo que estate atento. Enseguida verás una clara separación entre la cuajada y el suero, o bien una consistencia similar a la del yogur.

7 Cuando la leche esté a una temperatura de 40 °C (o 43,3 °C), baja el fuego para mantener esa temperatura y usa una cuchara para cortar los trozos de cuajada en piezas de unos 4 o 5 cm. Remueve suavemente los trozos alrededor de la cazuela para que se encojan.

¿NO TIENES HORNO MICROONDAS?

No pasa nada. Sigue las «Instrucciones para el baño de suero caliente», de la página 144, empezando por el paso 1.

10 Pon la cuajada a calentar en el microondas durante 1 minuto a máxima potencia. Da vuelta por entero a la cuajada, unas 5 veces, para distribuir el calor de manera uniforme. Retira el suero que salga. Vuelve a calentarla en el microondas 30 segundos más.

11 Retira de inmediato el suero sobrante y esparce por encima los jalapeños, las especias y la sal.

8 Cuando la textura de la cuajada haya pasado de parecer un yogur ligero a un huevo revuelto, pasa la cuajada al bol apto para microondas. (No pasa nada si hay un par de trozos con aspecto de yogur).

9 Escurre el suero que veas mientras sujetas la cuajada con las manos o con una cuchara.

¡EMPIEZA A TENER UN ASPECTO DELICIOSO!

PRIMER PLANO

La cuajada empezará a estar un poco grumosa, pero en un par de minutos verás como se vuelve una masa suave y elástica.

12 Da vueltas a la cuajada sobre ella misma unas 10 veces para incorporar las especias de manera uniforme. (Nota: La cuajada empieza a estar muy caliente, de modo que para no quemarte lo mejor es que uses una cuchara o guantes). Ahora tendrá ya una textura más uniforme.

13 Caliéntala en el microondas otros 30 segundos. Ahora debe quedar muy poco suero. Dóblala para distribuir el calor uniformemente, es posible que quede unida tanto a las 5 veces de haberla doblado sobre ella misma como a las 30 (depende del tipo de leche y de la temperatura de la cuajada).

14 Da forma al queso introduciéndolo en un molde normal (*véase* en pág. 184 otras opciones) previamente forrado con papel encerado (para extraerlo con más facilidad), y presiona contra sus paredes la cuajada caliente.

15 Introduce el queso en la nevera de 5 a 10 minutos para que se enfríe. Después, retira el papel encerado y ya está listo para presentarlo.

¡TU TRABAJO YA TERMINADO! ¡AHORA EMPIEZA EL MOMENTO DEL APERITIVO!

VARIACIONES Y SUSTITUCIONES

- Puedes omitir el yogur: no es necesario para que cuaje la leche, pero añade un cierto sabor ácido al queso muy rico. Si lo utilizas, el contenido graso funcionará.

- Para obtener una textura similar a la de un queso tipo peynir, usa leche desnatada en vez de leche entera; o bien utiliza leche de cabra cruda para darle un toque un poco ácido, además del que le aporta el yogur.

- Omite o sustituye todas o algunas de las especias y elabora una creación propia (¿aceitunas troceadas y salami?, ¿uvas pasas y tomillo?). ¡Haz una nueva versión cada semana.

- Dale una forma redondeada usando boles, moldes planos o con forma de hojas.

QUESADILLAS 2.0

— PARA 2 QUESADILLAS, 2 RACIONES —

Pocas veces me he enfrentado a una quesadilla que no haya acabado devorando, pero ésta es una versión realmente apetecible: mucho mejor que una de esas tortillas de harina blanca rellena de queso amarillo. Un pequeño esfuerzo y los ingredientes adecuados representarán también para ti una magnífica experiencia. ¿Pereza? ¡Ejem…! Quiero decir…, ¿falta de tiempo? ¡Usa tortillas precocidas! Tan sólo tendrás que rociar las tortillas de maíz con un poco de agua antes de calentarlas en una sartén para darles un sabor más fresco.

- 4 tortillas de maíz o ½ taza de harina de maíz
- ½ taza de queso «hackeado» a las tres pimientas troceado o en rebanadas
- 4 cucharaditas de ghee (pág. 240) o de mantequilla

PARA HACER LAS TORTILLAS CASERAS:
Sigue las instrucciones del paquete de harina para hacer tortillas, forma unas pequeñas bolas de masa, del tamaño de una pelota de pimpón, y después aplánalas (a no ser que tengas un prensador de tortillas, claro) y haz unas tortillas de unos 3 mm de grueso.

PARA HACER LAS QUESADILLAS: Coloca la mitad del queso sobre una tortilla y cúbrela con la otra como si fuera un sándwich. Si usas la masa, presiona los extremos para que no se salga el queso. Fríe la quesadilla con ghee en una sartén caliente, alrededor de un minuto por cada lado, de manera que quede cocida y crujiente y el queso bien derretido. Debe quedar crujiente por fuera y blanda por dentro. Repite la operación. Ahora dime si no se trata de algo especial.

MI MOZZARELLA FAVORITA

Para conseguir que este superclásico queso te resulte fácil de elaborar he recortado la receta dejando lo esencial: el uso del microondas permite un método de calentamiento constante y libre de problemas que ayuda al proceso de estiramiento característico de la pasta hilada, o el tipo de queso «cinta». El ácido cítrico permite que el cuajo realice su trabajo sin tener que esperar un día a que la leche se acidifique mediante cultivos.

Esta mozzarella es tan tierna y versátil que la harás con frecuencia, y para otros usos además de la pizza. Hazla tal cual y forma una bola grande, haz pequeños bocados (bocconcini, pág. 192), o bien trénzala; puedes además hacerla con diferentes sabores, en rebanadas, rellenarla, aplanarla o hacer remolinos con ella (*véanse* todas las técnicas de manipulación de la cuajada en las páginas 192-198). La cuestión es que esta receta básica es sólo el principio, y si bien lo del estiramiento requiere un poco de práctica, el sabor es lo que importa. Cuando estés practicando es posible que te salgan unas formas bien curiosas, pero disfrutarás al máximo cada minuto del proceso.

GRADO DE DIFICULTAD

NIVEL: Fácil 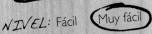 Facilísimo

TIEMPO DE PREPARACIÓN: 45 minutos

CANTIDAD: 680 gramos

LO MÁS DIFICULTOSO: La leche ultrapasteurizada (a veces no viene indicado en la etiqueta de la leche) no permite la coagulación en esta receta.

USOS: Listo para tentempiés y para todo.

LECHE ACONSEJADA: 3,8 litros de leche de vaca entera y 1 taza de crema de leche entera (opcional, *véase* «Variaciones y sustituciones»).

NOTA: Esta receta requiere el uso de horno microondas, aunque se incluyen en las mismas directrices para hacerla sin él, si bien se requiere más tiempo y más práctica.

INGREDIENTES

1,5 cucharaditas de ácido cítrico

120 ml más 60 ml de agua sin cloro

¼ de tableta de cuajo de origen vegetal

**3,8 litros de leche de vaca entera
(no ultrapasteurizada)**

1 taza de crema de leche entera (opcional)

2 cucharaditas de sal en escamas

UTENSILIOS

Cucharita

Taza de 250 ml

Taza de 60 ml

Cazuela de 5 litros

Espumadera grande

Termómetro de cocina

**Bol o recipiente grande apto para horno
microondas**

Guantes de plástico (opcional)

Papel encerado (opcional)

Bol grande para el hielo (opcional)

1 Remover el ácido cítrico en los 60 ml de agua y reservar.

PRIMER PLANO

Cuando añadas el ácido cítrico es posible que observes una ligera coagulación: aún queda más por ver.

4 Remueve muy bien la disolución de ácido cítrico y calienta a fuego medio a 32,2 °C.

2 Disuelve el ¼ de tableta de cuajo en los 60 ml de agua y reserva.

3 Echa la leche en la cazuela. Opcional: Añade la crema de leche para hacer un queso más suculento, más parecido a la mozarella fresca de leche de búfala.

¡BUENA COAGULACIÓN!

5 Cuando la temperatura de la leche alcance los 32,2 °C, añade el cuajo disuelto y efectúa 20 paletadas rápidas para asegurarte de que quede bien incorporado. Después, sin remover, sigue calentando la leche.

6 Si utilizas microondas, calienta la leche a 40,5 °C para estirar el queso (para estirarlo con el método del baño del suero caliente, la temperatura será de 43,3 °C). La coagulación iniciará su proceso; observa si la cuajada y el suero se separan, si se producen terrones de cuajada o una textura tipo yogur.

7 Usa la cuchara para cortar los trozos grandes de cuajada en piezas de 4 o 5 centímetros. Remueve suavemente los trozos de cuajada en el suero caliente para que se vayan encogiendo mientras se cuecen. Baja el fuego para mantener la temperatura de la leche una vez llegue a los 40,5 °C/ 43,3 °C.

8 Cuando la textura de la cuajada pase de tener el aspecto de un yogur ligero al de un huevo revuelto (eso significa unos 2 minutos más de cocción y de remover con suavidad) recoge la cuajada y pásala a un bol apto para el horno microondas.

¿NO TIENES HORNO MICROONDAS?

No pasa nada. Sigue las «Instrucciones para el baño de suero caliente», de la página 144 y empieza por el paso 1.

11 Vuelve a utilizar el microondas, esta vez 30 segundos a máxima potencia. Escurre el suero de inmediato. Añade la sal y dobla y aplana la cuajada unas 10 veces a fin de que la sal quede bien repartida. (Nota: si está demasiado caliente, utiliza una cuchara o bien guantes de goma).

¡RÁPIDO, RÁPIDO, QUE SE ENFRÍA TU CUAJADA!

9 Escurre bien todo el suero que veas en la cazuela mientras sujetas la cuajada con las manos o con una cuchara. Aplana la cuajada bien en el bol para que se caliente de manera uniforme.

10 Calienta la cuajada en el microondas durante 1 minuto a máxima potencia. Con las manos o con la ayuda de una cuchara, remueve la masa de la cuajada unas 5 veces para distribuir bien el calor. Desecha todo el suero que salga.

12 Vuelve a introducir la cuajada en el microondas, 30 segundos a máxima potencia. Ahora tiene que quedar muy poco suero. Remueve la cuajada varias veces presionando hacia abajo mientras lo haces. Tras este último calentamiento, la cuajada suele transformarse de inmediato en queso.

13 La temperatura de la cuajada debe llegar a los 57 °C, si bien no debes detenerte a comprobarlo pues la cuajada se enfriaría mientras. La cuajada debe quedar compacta tras doblarla sobre sí misma un mínimo de 5 veces o un máximo de 30.

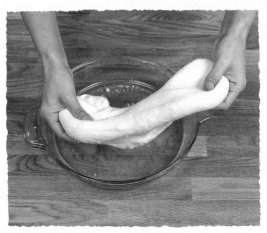

14 Mientras vas removiendo la cuajada, ésta empezará a tener el aspecto de un galletita de mantequilla, y después de repente se volverá elástica como una masa de pan. Comprueba su elasticidad estirándola un poco cada vez que la dobles.

15 La cuajada se convierte en mozzarella cuando los extremos se ven lisos y la superficie, un poco brillante al estirarla. En este momento es cuando puedes darle forma de bolas, cuerda u otras.

¿TE LO PUEDES CREER? MAGNÍFICO, ¿VERDAD?

16 Si ya te gusta el resultado, ya lo tienes. Si la cuajada se rompe o se hace tiras, es que se ha enfriado demasiado. Caliéntala en el microondas otros 30 segundos (Nota: Cuanto menos calientes y estires la mozzarella, más tierna resultará).

VARIACIONES Y SUSTITUCIONES

- Prueba con leche de vaca semidesnatada, el resultado, más sólido, permitirá hacer tiras más fácilmente. Para darle un sabor más ácido, prueba con leche de cabra cruda (la leche de cabra pasteurizada no es muy consistente). Pero ve con cuidado, la textura no será tan cremosa y con estas leches alternativas la cantidad resultante es algo menor.

- Cuando eches la sal a la cuajada, puedes añadir también hierbas, pimienta negra molida, chili en escamas y cualquier otra cosa, desde pepino a frutos secos troceados.

- En el capítulo 3, «Formas y sabores», encontrarás maneras divertidas de moldear tu queso (Sugerencia: ¡Los raviolis de queso tendrán todo un nuevo significado!).

FIESTA DE PINCHOS

— PARA 6 PINCHOS, 6 RACIONES —

Prepara con antelación los pinchos, o lo que es mejor: toma todos los ingredientes y ensártalos para hacer una auténtica fiesta de pinchos. Puedes mantenerte al margen y supervisar, ¡pero insiste en probar, claro!

De 20 a 25 dados de mi mozarella favorita (2,5 x 2,5 cm)

1,5 cucharadas de aceite de oliva

1,5 cucharadas de vinagre de vino tinto

Sal y pimienta al gusto

Entre 20 y 25 tomates cherry dulces

Pimiento troceado, aceitunas sin hueso y/o hojas de albahaca

6 palitos de hacer pinchos

Mezcla los dados de mozzarella con el aceite de oliva, el vinagre, la sal y la pimienta. Inserta en cada palito, alternándolos, 4 o 5 dados de mozzarella y 4 o 5 trocitos del alimento elegido. Esta idea puede realizarse también con fruta. Usa pinchitos diminutos para hacer tapas o aperitivos y largos para un pícnic con pinchitos con ensalada.

Instrucciones para el baño de suero caliente

En las recetas del apartado de «Fundibles y viscosos» puedes dejar de usar el horno microondas, tan sólo necesitarás un poco más de práctica para estirar la cuajada en el suero caliente. Puedes moldear la cuajada en forma de bola u otras formas básicas; hacerla en tiras es más complicado, pues es difícil conseguir que la cuajada esté suficientemente caliente y que no deje de estar tierna. El resultado de este procedimiento es delicioso, y es bastante práctico aprender a hacerlo en el caso de que estés en el medio del bosque haciendo queso… o de que no quieras utilizar el horno microondas. Elije un queso tierno en vez de una cuajada muy estirada y disfruta con este método tradicional.

INGREDIENTES

Cuajada preparada
Restos del suero
2 cucharadas de sal en escamas

UTENSILIOS

Termómetro de cocina
Cuchara
Varilla grande
Bol grande resistente al calor
Cucharón o cuchara grande
Guantes de los de lavar platos (opcional)
Cuchara pequeña (opcional)
Cucharita

1 Tras retirar la cuajada del suero, sigue calentando éste hasta los 88 °C. Una vez que el suero llegue a esa temperatura, disminuye el fuego o apágalo. Si es necesario, puedes volver a encender el fuego y calentarlo más tarde.

2 Añade las dos cucharadas de sal al suero caliente y remueve bien para que se disuelva (eso hará que tome un color amarillento).

3 Corta la cuajada en 4 porciones y reserva 3. Coloca una porción en otro bol resistente al calor. Es posible que la cuajada no quede toda bien ligada, no pasa nada. Haz lo posible por que lo haga.

4 Con la ayuda de un cucharón, echa el suero caliente de la cazuela en el bol hasta que cubra la cuajada, ésta debe llegar a una temperatura de entre 57 y 63 °C para que puedas amasarla bien.

CON LAS MANOS O CON UNA CUCHARA Y UN CUCHARÓN

5 Con las manos –con guantes o sin ellos–, o con una cuchara y un cucharón (el suero estará muy caliente, de modo que ten cuidado si usas las manos), empieza a reunir la cuajada en una masa.

6 Incluso el centro de la cuajada debe estar blanda, y si no lo está, déjala más tiempo en el suero. Usa el termómetro para comprobar la temperatura, pero aprende a comprobarlo por el tacto, porque la cuajada irá bajando varios grados mientras la pruebas.

9 Repite los pasos del 3 al 8 con las otras porciones de cuajada. (Intenta cortarla en trozos más pequeños, así se calentará más rápidamente, y ello te permitirá además practicar con muchas bolitas de mozzarella).

10 Con cada porción irás comprobando tu pericia. Cuando empieces a pillarle el tranquillo a este método, intenta trabajar con la mitad de la cuajada (si comparas uno y otro método, no esperes la misma elasticidad que calentándolo con el microondas).

7 Manteniendo la cuajada sumergida en el suero caliente, plégala sobre ella misma de 3 a 5 veces, así podrás hacer de ella una sola masa y extraerla del suero. La textura de la cuajada será más suave y más elástica, y tendrá un aspecto más brillante.

8 Prueba una pizca de la cuajada. Si es necesario, espolvoréala con media cucharita de la sal restante y, rápidamente, plégala rápidamente 5 veces más sobre tus manos (fuera del suero) para añadir la sal y formar una bola. Si es necesario, repite los pasos 6 y 7.

CULTURA POPULAR

Dice la leyenda que el baño en suero caliente utilizado en la elaboración del queso se hacía originariamente con agua de mar caliente, de modo que la mozzarella se sazonaba sólo con agua de mar... Pero de momento no está en mis planes probar a hacerlo con una cazuela de agua del océano Pacífico.

Moldear la mozzarella

Hay dos maneras de moldear la mozzarella: una es sencilla y fácil, y la otra te da más facilidad a la hora de dar forma al queso ya terminado. La manera más sencilla (a la derecha) de dar forma a la mozzarella caliente es dejar que ella misma tome la forma del bol en el que la introduces mientras se enfría.

El método del baño en agua helada (abajo) consiste en mantener la forma que has creado previamente. Al enfriar (inmediatamente) el queso lo «congelas» con la forma elegida.

MÉTODO 1: ENFRIAR EL RECIPIENTE

1 Forra el bol con papel de pergamino o papel encerado (opcional). Introduce el bol en el congelador durante 5 minutos para que el queso se enfríe y tome forma rápidamente.

MÉTODO 2: BAÑO DE AGUA HELADA

1 Llena ¾ partes de un bol con agua fría y después acaba de llenarlo con cubitos de hielo. Coloca la mozzarella caliente sobre un trozo de papel encerado (*véase* el recuadro para la mozzarella sin envoltorio).

2 Envuelve el queso con el papel, después enrolla fuertemente éste por los extremos, teniendo en cuenta que la forma en que lo envuelvas será la forma que tendrá el queso.

2 Los boles pequeños y redondos son más fáciles de manejar, e invertidos proporcionan una forma abovedada muy mona.

MOZZARELLA SIN ENVOLVER

Cuando uses el método 2, ten en cuenta que las minibolas, las trenzas y los nudos pueden sumergirse directamente en el baño de agua helada sin tener que envolverlos en papel. Recuerda que como en el agua se queda algo de sal, no debes dejar la mozzarella en el agua helada más de 2 minutos, o bien para compensar esa pérdida de sal echa un poco más de sal al agua en el proceso de calentamiento de la cuajada.

3 Coloca el hatillo en el bol con agua helada. La mozzarella tomará forma de inmediato, si quieres tomarte el queso enseguida, será suficiente con dejar que se enfríe de 2 a 4 minutos, pero si quieres guardar el queso para más tarde, déjala unos minutos más.

4 Extrae el hatillo del bol y retira el papel. La mozzarella ya está lista para consumir o para guardar en un recipiente tapado. Si ha soltado algo de agua, simplemente sécala con papel de cocina o un paño limpio.

PIZZA HILADA

Este queso debe su nombre a los sabores que elegí y al proceso que acompaña a la elaboración del queso hilado. La cuajada caliente para el queso se moldea en cintas (la famosa *pasta filata* se traduce como «pasta hilada») del mismo modo que la mozzarella del queso oaxaca (pág. 161) y otros quesos de este tipo en todo el mundo. Doblando y amasando las cintas de cuajada una y otra vez, consigues unas capas delgadas de queso que se pueden manipular individualmente, y de este modo es como acabamos haciendo las tiras de queso.

En este tipo de queso es importante el uso de la leche semidesnatada, pues ésa es la diferencia entre acabar con un queso bien conocido por su cremosidad o uno conocido por su fibrosidad y sus hebras. El que pretendemos hacer es este último.

La pizza hilada es algo que agrada a todo el mundo. Es un queso superdivertido para los niños; para hacerlo ellos, para trenzarlo, para comérselo con los dedos. La comida tiene un aspecto interactivo que atrae a todo el mundo, se tenga la edad que se tenga. Puedes hacer más cantidad para tu próxima comida de invitados y mejorar la receta con algunos extras como romero fresco, pimienta molida de colores, matalahúva y arándanos secos, sal rosa y tomillo limonero…, ¡ay, las posibilidades!

GRADO DE DIFICULTAD

NIVEL: (Fácil)   Muy fácil   Facilísimo

TIEMPO DE PREPARACIÓN:
1 hora

CANTIDAD: 700 gramos

LO MÁS DIFICULTOSO:
No conseguir la elasticidad que deseas; se necesita cierta práctica para conseguir la temperatura justa.

USOS: Un buen bocado para presumir en la escuela o en el trabajo; usar como mozzarella baja en grasa.

LECHE ACONSEJADA: Leche de vaca semidesnatada.

NOTA: Esta receta está pensada para hacer en horno microondas; se adjuntan instrucciones para calentar y estirar la cuajada de manera alternativa, si bien requiere más tiempo y se obtienen bolas de queso más pequeñas o tiras más cortas.

INGREDIENTES

1,5 cucharaditas de ácido cítrico

125 ml y 60 ml de agua sin cloro

¼ tableta de cuajo vegetal

3,8 litros de leche de vaca semidesnatada

2 cucharaditas de sal en escamas

2 cucharaditas de orégano seco o de hierbas provenzales (albahaca, mejorana, orégano, tomillo, romero)

2 cucharaditas de tomates secos troceados (no conservados en aceite)

UTENSILIOS

Cucharita

Taza de 125 ml

Taza de 60 ml

Cazuela de 5 litros

Espumadera grande

Termómetro de cocina

Bol grande apto para microondas

Bol grande para el hielo

Paño de cocina que no deje pelusa o papel de cocina

1 Disuelve el ácido cítrico en 125 ml de agua y reserva.

4 Calienta la leche hasta que alcance los 32,2 °C.

2 Disuelve el ¼ de tableta de cuajo en 60 ml de agua y reserva.

3 Vierte la leche en la cazuela y añádele el ácido cítrico disuelto.

... 18, 19 Y 20!

5 Cuando la leche haya alcanzado los 32,2 °C, añádele el cuajo disuelto y dale 20 vueltas rápidas para asegurarte que se incorpora bien a la leche. Sigue calentando hasta los 40,5 °C en el caso de que utilices el microondas para calentar y estirar el queso (para hacerlo con el suero caliente, la temperatura será de 43,3 °C.

6 Controla de cerca la cazuela y el fuego. La leche sube muy rápidamente de temperatura y un exceso de ésta puede echar a perder toda la preparación. Tiene que haber una separación entre la cuajada y el suero, un aspecto terroso o bien la textura de un yogur. Disminuye el fuego y mantén la temperatura de la leche en 40,5 °C.

7 Usa la cuchara para desmenuzar suavemente cualquier terrón de cuajada grande y que queden trocitos de unos 4 o 5 cm. Remueve con suavidad los pedacitos de cuajada para que se vayan encogiendo a medida que se enfrían.

8 Cuando la textura de la cuajada haya pasado de ser la de un yogur ligero a la de una especie de huevos revueltos (unos 2 minutos aproximadamente), pasa la cuajada a un bol apto para el horno microondas.

10 Con la ayuda de la cuchara, o con las manos, remueve la cuajada unas 5 veces para distribuir el calor de manera uniforme. Retira el suero que salga. Vuelve a poner en el microondas durante 30 segundos y retira de inmediato el suero que salga de nuevo.

11 Vierte sobre la cuajada la sal, el orégano y los tomates secos troceados, y dóblala 10 veces para que quede todo muy bien mezclado.

¡RÁPIDO, RÁPIDO, QUE LA CUAJADA SE ENFRÍA!

¿NO TIENES HORNO MICROONDAS?

No hay problema. Sigue las «Instrucciones para el baño de suero caliente» de la página 144, y empieza con el paso 1.

9 Sujetando la cuajada con una cuchara o con las manos, echa en la cazuela el suero que sobra. Reparte bien la cuajada por el fondo del bol para que se caliente más uniformemente. Introduce el bol en el microondas durante 1 minuto a la máxima potencia.

¡CASI LISTO!

12 Mientras vas removiendo la cuajada, empezarás a notar cómo va cambiando de textura, tendrá menos grumos y parecerá un poco más elástica. Es posible que empieces a ver cómo se va fundiendo.

13 Ponla de nuevo en el microondas durante 30 segundos. Ahora ya habrá muy poco suero. Sigue amasando la cuajada, empezará a tener el aspecto de masa de galletas y pasará a tener una textura semejante a la de la masa de pan.

14 La cuajada puede unificarse enseguida, a los 5 dobleces, o bien no hacerlo hasta que no lleve unos 30, dependerá de lo caliente que esté y de cómo se comporte la leche que utilices. Cuando esté completamente unida y parezca suave, tómala entre ambas manos e intenta estirarla.

15 Cuando empiece a alargarse, estírala tanto como puedas sin que llegue a romperse.

¿QUIERES BOCADITOS O TENTEMPIÉS?

¡BRRR!

18 Cuando la cuerda de queso tenga la longitud y el grosor que quieras (mi objetivo es que tenga unos 60 cm de larga y de 3 a 5 cm de gruesa) córtala en trocitos. El largo de los trozos depende totalmente de ti, pero lo típico es hacerlos de unos 10 cm de largo.

19 Prepara el baño de hielo, echa en un bol unos 3 litros de agua fría, y después, cubitos de hielo. Vierte los trozos de pizza hilada en el agua helada y déjalos durante 1 o 2 minutos en ella para que retengan la forma.

ESTIRA Y AMASA;
ESTIIIIIRA Y AMASA...

PRIMER PLANO

El efecto de queso hilado se consigue con ayuda de leche semidesnatada y el estirado y amasado. Cuantas más vueltas, más finas serán las tiras.

16 Amasa la cuajada antes de estirarla de nuevo. Sigue estirando y amasando hasta que formes una cuerda de queso larga. Con unas 4 o 6 veces es suficiente, pero puedes seguir con la operación mientras la cuajada siga estando caliente y elástica.

17 Si ves que la cuajada se rompe, es que ha llegado el momento de detenerse. Si quieres seguir estirándola y alargándola, caliéntala unos 30 segundos más, y sigue estirándola y doblándola.

20 Con la ayuda de la espumadera, saca los trozos de queso del baño de agua helada y colócalos sobre un paño limpio que no deje pelusa o sobre papel de cocina.

21 Seca con suavidad los trozos de queso.

22 Coloca los trozos de queso en una bandeja y prepárate a sorprenderte.

¡MÁS DIVERTIDOS DE PELAR QUE UN PLÁTANO!

- Opta por leche de vaca cruda desnatada en vez de leche semidesnatada y usa la crema de leche para hacer mantequilla.

- Añade a la cuajada cualquier otro ingrediente que te apetezca (*véanse* las sugerencias señaladas en la introducción de la pizza hilada, pág. 151). En la misma tanda puedes hacer un par de variaciones.

- Da a la cuajada caliente forma de dónuts, pretzels o espirales... o haz un diseño propio. Recuerda introducirlos en el baño de agua helada para que mantengan la forma.

- Deja el queso como una sola cuerda extra larga, sírvela a la mesa sobre papel encerado y deja que sean tus invitados quienes vayan cortando el bocado que deseen.

BOCADITOS DE SALAMI

— PARA 10 BOCADITOS, 2 RACIONES —

Has visto bocaditos de pizza en la sección de refrigerados y se te han antojado, ¿verdad? Date la oportunidad de probarlos una noche en una cena familiar (y rápida), y no te olvides de tus amigos los vegetarianos: usa rodajas de calabacín fritas o bien salchichas vegetarianas para elaborar unos bocaditos igualmente deliciosos.

- 20 rodajas de salami (genoa o similar)
- 60 ml de salsa de tomate espesa o salsa para pizza
- 5 piezas de queso pizza hilada troceadas

Sobre una rebanada de salami echa una pizca de salsa de tomate, después, unas tiras de queso pizza hilada y después otra rebanada de salami. ¡Igual que un sándwich! Prepara bastantes y pásalos por la sartén sin nada de aceite (el salami suelta grasa), o bien hazlos al horno, sobre una bandeja, a 180 °C, hasta que el salami quede crujiente y el queso derretido, unos 10 o 15 minutos.

Puedes variar el relleno poniéndole por ejemplo aceitunas fileteadas, champiñones, espinacas u otras de las cosas que habitualmente se ponen en una pizza.

Sírvelos acompañados con una ensalada verde aderezada con vinagreta y tendrás una estupenda y bien merecida cena de viernes.

QUESO OAXACA CON CHILE CHIPOTLE Y LIMA

Ahora nos vamos a Oaxaca, México, para hablar de otro queso popular del tipo de los «hilados» (*véase* «Pizza hilada», pág. 151). Es muy divertido anudar la cuajada tal y como se hace tradicionalmente con el queso oaxaca (allí le llaman «quesillo») y separarlo en hebras, en trozos pequeños para comer de un bocado, en rebanadas y también se puede rallar y fundir, como la mozarella.

Esta versión gana en estilo (y sabor) si antes de anudarlo, cubres las hebras de queso con delicias diversas. Espolvoréalas con chipotle en polvo (jalapeños rojos secos, ahumados y molidos) o bien mezclado con zumo fresco de lima. El maravilloso color de este queso especiado hace tentadora cualquier mesa, y su elegante nudo resulta un aperitivo deslumbrante para la mejor fiesta. Servido con cerveza mexicana helada y chips de tortilla o nachos constituye una combinación irresistible.

GRADO DE DIFICULTAD

NIVEL: (Fácil) Muy fácil Facilísimo

TIEMPO DE PREPARACIÓN:
1 hora

CANTIDAD: 700 gramos

LO MÁS DIFICULTOSO:
Se necesita un poco de práctica para controlar a qué temperatura conseguir que se estire correctamente.

USOS: Ideal para utilizar en platos mexicanos o latinos, ¡pero a los huevos revueltos les da un toque verdaderamente especial!

LECHE ACONSEJADA: 3,8 litros de leche de vaca desnatada.

NOTA: Esta receta se realiza con horno microondas, pero contiene las instrucciones para calentar y estirar la cuajada de manera alternativa (*véase* pág. 144), si bien exige un poco más de tiempo y puede quedar como una bola, o con tiras cortas, y no como un nudo.

INGREDIENTES

- 1½ cucharadita de ácido cítrico
- 125 ml y 60 ml de agua sin cloro
- ¼ tableta de cuajo vegetal
- El zumo de 1 lima
- 2 cucharaditas de chile chipotle en polvo
- 2 cucharaditas más ½ cucharadita de sal en escamas
- 3,8 litros de leche de vaca desnatada
- 1 cucharadita de pimienta con limón

UTENSILIOS

- Cucharita
- Taza de 125 ml
- Taza de 60 ml
- Cuchillo
- Exprimidor
- Cazuela de 5 litros
- Espumadera grande
- Termómetro de cocina
- Bol grande apto para microondas
- Guantes (opcional)
- Papel encerado (opcional)
- Bol grande para el hielo

1 Añade el ácido cítrico a 125 ml de agua y reserva.

4 Vierte la leche en la cazuela y añádele el ácido cítrico.

2 Disuelve el ¼ de tableta de cuajo en los 60 ml de agua y reserva.

3 Exprime la lima y echa el zumo con el chipotle en polvo y ½ cucharadita de sal en un bol pequeño para hacer la mezcla de especias con la que embadurnarás el queso.

¡CONTROLA DE CERCA!

5 Calienta a fuego medio la leche a 32,2 °C, añádele después el cuajo disuelto y mézclalo removiendo 20 veces con rapidez para que se incorpore bien. Sigue calentando hasta 40,5 °C si vas a usar el microondas para calentar y estirar el queso (para hacer esa operación en el suero caliente, calienta a 43,3 °C).

6 No te alejes del fuego y controla la temperatura. La leche se calentará rápidamente, y el sobrecalentamiento puede estropearla. Fíjate en el momento en que la cuajada y el suero se separen, aparezcan grumos o una textura semejante a la del yogur.

7 Reduce el fuego para mantener la temperatura a 40,5 °C (o 43,3 °C). Con la ayuda de una cuchara trocea suavemente los grumos más grandes a fin de que los de mayor tamaño sean de entre 2 y 5 centímetros. Remueve lentamente los trozos de cuajada para que se encojan a medida que se cuecen.

8 Cuando la textura de la cuajada haya pasado de ser la de un yogur suave a la de huevos revueltos, sácala y ponla en un bol apto para el microondas.

10 Con la ayuda de una cuchara o con las manos, da vueltas a la cuajada unas 5 veces para distribuir el calor de manera uniforme. Ponla en el microondas 30 segundos más, y escurre el suero inmediatamente (rápido, la cuajada se está enfriando).

11 Esparce sobre la cuajada la pimienta de limón y las 2 cucharaditas de sal restantes y remueve todo unas 10 veces para que quede bien mezclado.

¿NO TIENES HORNO MICROONDAS?

No pasa nada. Sigue las «Instrucciones para el baño de suero caliente», de la página 144, empezando por el paso 1.

9 Echa el suero sobrante en la cazuela mientras sujetas la cuajada con las manos o bien con una cuchara. Extiende bien la cuajada por el fondo del bol para que se reparta el calor. Caliéntala en el microondas durante 1 minuto a máxima potencia.

12 Mientras amasas la cuajada irás notando el cambio de textura: se irá compactando y la notarás más elástica.

13 Ponla de nuevo en el microondas y caliéntala 30 segundos más. Ahora sacará muy poco suero. Sigue doblando la cuajada y amasándola vigorosamente con las manos (usa guantes si está demasiado caliente para ti), ahora ya tendrá el aspecto de masa de pan.

¡CASI LO TIENES!

ESTIRA Y DOBLA,
ESTIIIIIRA Y DOBLA...

14 Tendrás la cuajada compacta al cabo de unos 5 pliegues como mínimo o unos 30 como máximo, dependiendo del tipo de leche y de la temperatura de la cuajada. Cuando esté compacta, toda ella en una sola masa, tómala con las manos e intenta estirarla.

15 Cuando puedas estirar la cuajada con facilidad, haz una pieza tan larga como puedas sin que se rompa. Dóblala por la mitad y vuelve a estirarla.

18 Para hacer un nudo, toma uno de los extremos con dos dedos y, con la otra mano, empieza a envolver el otro extremo alrededor del trozo que estás sujetando.

19 Ve cambiando de ángulo mientras la envuelves, y así acabarás formando una espiral.

¡NO TE TOQUES LOS OJOS MIENTRAS EMBADURNAS LA MASA CON LAS ESPECIAS, O BIEN PONTE GUANTES!

16 Con 4 o 6 veces que estires la cuajada será suficiente. (Nota: Si se te rompe es el momento de dejar de estirar, si quieres estirarla más para que te quede más estrecha, caliéntala 30 segundos más y sigue estirándola y doblándola).

17 Cuando ya estés satisfecho con el grosor de la tira de cuajada (lo ideal es un grosor de entre 2 y 5 centímetros), decide si quieres hacer uno, dos o tres nudos. Corta un pedazo para hacer un nudo y empieza a embadurnarlo con la mezcla de especias.

20 Retira los dos dedos con que sujetas uno de los extremos de la tira y métela en el sitio reservado.

ESPARCE UN POCO MÁS DE ESPECIAS SOBRE EL NUDO. ¡ÑAM!

21 Este queso resulta delicioso caliente, acabado de hacer, pero si quieres dejarlo para después o que quede con forma de pequeño hatillo, envuelve el nudo o los nudos en papel de cera y dobla bien sus extremos.

22 Prepara un baño de agua helada con un bol con tres cuartas partes de agua fría y el resto de cubitos de hielo. Sumerge los hatillos en el bol entre 3 y 5 minutos.

23 Deshaz los paquetes, desenvuelve el queso y ya está listo para servir: no olvides de reservarte un buen trozo de este delicioso queso.

VARIACIONES Y SUSTITUCIONES

- Varía la combinación de especias: usa zumo de limón y pimienta blanca molida o bien chili en polvo suave (si te es difícil encontrar el chipotle en polvo o te parece demasiado fuerte).

- Para hacer un queso oaxaca básico, no uses chili para sazonar las tiras de queso y simplemente añádeles algo de sal antes de anudarlas. Resulta igualmente delicioso.

- Haz nudos pequeños en vez de uno grande. O bien, si el nudo te da problemas, haz unos sencillos bocados.

- Pasa de hacer nudos y sencillamente dobla la cuajada hasta formar una sola pieza. Colócala en un bol o en una sartén para darle forma redonda (*véase* «Falso cheddar ahumado», pág. 103). Cúbrelo con las especias antes de que se enfríe.

ENSALADA DE CINTAS DE PEPINO Y QUESO OAXACA CON CHILE CHIPOTLE Y LIMA

— PARA 2 ENSALADAS PEQUEÑAS: 2 RACIONES —

En esta sencilla pero deliciosa ensalada, el refrescante pepino equilibra el picante chipotle y combina a la perfección con la lima. Trocearemos el pepino en cintas para que juegue bien con las hebras del queso y aporte textura, sabor y buena apariencia. Disfrútala como tentempié o como guarnición.

Un trozo de queso oaxaca
   con chile chipotle y lima de unos
   10 centímetros
1 pepino pelado
½ cucharada de zumo de lima
¼ cucharadita de sal marina (al gusto)

Corta el queso oaxaca en cintas
o hebras. Con un pelador de verduras,
haz el doble de cintas de pepino que
de queso y mezcla ambos ingredientes
con el zumo de lima y un poco de sal
(comprobar). Si te ha quedado un poco
de la salsa que utilizaste para hacer este
queso, rocía con ella la ensalada, así le
aportarás más sabor y color.

BURRATA DE MANTEQUILLA TOSTADA

Si alguna vez has tenido el placer (todavía un tanto infrecuente) de probar la burrata fresca, sabrás que es una especie de bolsa tierna hecha de queso tipo mozzarella rellena de una cuajada cremosa parecida a la ricotta. El resultado de esta combinación es una creación que parece estar hecha de unicornios y nubes. Lamentablemente, en Estados Unidos no se suele encontrar fácilmente, pues es un queso perecedero y difícil de transportar de Italia (donde los unicornios tienen su pequeño recinto), los importadores dicen que sólo dura cinco días desde el momento de su elaboración. Un queso perfecto para hacer en casa, ¿verdad?

Al añadirle mantequilla tostada al relleno, conseguí un efecto que me atrevo a decir da a este queso una categoría superior. Intenta hacerlo, y si para ti queda muy lejos del clásico, sustituye la mantequilla tostada por crema de leche y tendrás un sabor más tradicional.

Como muchos quesos de este tipo, dar forma a la burrata requiere algo de práctica. Pero aunque tus bolsitas de burrata sean unos montones de cuajada un tanto desorganizados, sigue rociándolas con la mantequilla tostada y el sabor te conducirá a la maestría del proceso de relleno. Una vez te pongas a la tarea, piensa que las ideas del relleno sólo quedan limitadas por tu imaginación.

GRADO DE DIFICULTAD

NIVEL: (Fácil)   Muy fácil   Facilísimo

TIEMPO DE PREPARACIÓN:
1 hora

CANTIDAD: 700 gramos

LO MÁS DIFICULTOSO:
Aprender a rellenar y sellar las bolsitas.

USOS: Los mismos que la mozzarella, pero con mayor frecuencia se usa como aperitivo o entrante.

LECHE ACONSEJADA: Leche de vaca entera y crema de leche. La cosa está en conseguir una gran cremosidad, de modo que utiliza una auténtica crema de leche.

NOTA: Esta receta está pensada para hacer con microondas, aunque incluye instrucciones para calentar y estirar la cuajada de manera alternativa, si bien requiere más tiempo y la textura varía.

INGREDIENTES

- 4 cucharadas de mantequilla salada
- 1½ cucharaditas de ácido cítrico
- 125 ml más 60 ml de agua sin cloro
- ¼ de tableta de cuajo vegetal
- 3,8 litros de leche de vaca entera (no ultrapasteurizada)
- 1 taza de crema de leche
- 1¼ cucharadita de sal en escamas, dividida en dos medias cucharaditas y ¼ de cucharadita

UTENSILIOS

- Cuchara
- Cazo
- Cuchara grande
- Bol pequeño apto para microondas
- Cucharita
- Taza de 125 ml
- Taza de 60 ml
- Cazuela de 5 litros
- Espumadera grande
- Termómetro de cocina
- Bol grande apto para microondas
- Bol pequeño
- Bol mediano
- Guantes de goma
- Papel encerado (opcional)

1 Derrite a fuego medio las 4 cucharadas de mantequilla en un cazo.

PARTE 2: HACER EL QUESO

1 Vierte el ácido cítrico en 125 ml de agua y reserva.

ESTÁS HACIENDO MANTEQUILLA NOISETTE: ¡UNA COSA FRANCESA!

2 Deja que se derrita y se tueste durante unos 4 o 6 minutos (no dejes de vigilarla). Remueve cada minuto para que no se pegue la mantequilla. El color que tomará es ámbar oscuro, como el de un café ligero o un té fuerte.

¡HACE QUE TODO SEA DELICIOSO!

3 Vierte la mantequilla en un bol a prueba de calor y resérvalo en un lugar templado (qué bonito, ¿verdad?).

2 Disuelve la tableta de cuajo en los 125 ml de agua y reserva.

3 Vierte los 3,8 litros de leche y la taza de crema en la cazuela.

4 Añade a la leche la solución de ácido cítrico. Después calienta la leche a fuego medio hasta 32,2 °C.

5 Ahora añade el cuajo disuelto y mézclalo bien con 20 vueltas rápidas para asegurarte de que queda uniformemente incorporado.

8 Con la ayuda de una cuchara trocea suavemente los pedazos grandes de cuajada, de manera que los más grandes tengan de 2,5 a 5 centímetros. Remueve suavemente los trozos de cuajada durante 1 o 2 minutos.

9 No remuevas la cuajada con demasiada energía, pues eso haría que se desmenuzara en trocitos pequeños. En vez de ello, mueve suavemente los trozos por la cazuela para que se encojan y suelten más suero.

6 Ya verás cómo se empiezan a separar la cuajada y el suero, o bien verás que la leche semeja un yogur o trozos de queso, o también puedes ver un gran trozo de cuajada que se aparta hacia los lados de la cazuela cuando la presionas con el dorso de una cuchara.

7 Sin dejar de remover, sigue calentando la leche hasta 40,5 °C (o 43,3 °C si no vas a usar el microondas para estirar la cuajada). Verás que se cuaja la leche, pero si no fuera así, baja el fuego y mantén la temperatura a 40,5 °C (o 43,3 °C), para seguir con el paso siguiente.

10 Verás un cambio en la textura de la cuajada, que pasará de tener el aspecto de un yogur suave al de unos huevos revueltos. Si no es así, caliéntala un minuto más. Después, apaga el fuego y echa la cuajada en un bol apto para el horno microondas.

11 Retira una taza de cuajada y resérvala en un bol pequeño, te servirá para el relleno. Escurre el suero que queda y viértelo en la cazuela.

¡ÑAM, ÑAM, ÑAM, ÑAM, ÑAM, ÑAM!

12 Para preparar el relleno, mezcla con suavidad la mantequilla tostada y ¼ de cucharadita de sal con la cuajada del bol, desmenuzándola en trozos pequeños a medida que vas removiendo todo.

13 La consistencia del relleno dependerá de tu propio gusto, pero generalmente consiste en un equilibrio entre la cuajada y algo de líquido, y no tiene por qué presentar una textura completamente regular.

16 Calienta el resto de la cuajada en el microondas durante 25 segundos. Con una cuchara, o bien con las manos, amasa la cuajada doblándola sobre ella misma unas 5 veces para distribuir el calor uniformemente y empezar a reunirla en una sola pieza.

17 Con la ayuda de una cuchara, sujeta la cuajada y vierte en la cazuela el suero que quede.

14 Divide el contenido del bol grande de cuajada (sin mantequilla) en dos porciones iguales.

15 Pasa una de las dos mitades (unos 250 gramos) a un bol mediano y reserva.

18 Vuelve a calentar en el microondas durante 25 segundos la cuajada escurrida, añádele ½ cucharadita de sal, dobla la cuajada sobre ella misma unas 15 veces, hasta que quede compacta, y retira el suero sobrante.

19 Debes notar un cambio de textura en la cuajada, debe unirse mejor, estar más elástica y brillar un poco más.

20 Vuelve a calentarla en el microondas durante 15 segundos. Dóblala unas 5 veces para distribuir bien el calor y amásala hasta que veas que brilla un poco (ahora la cuajada está bastante caliente, de modo que lo mejor es que utilices una cuchara o bien guantes).

21 Ahora la textura es más elástica y se puede formar una bola (quizás necesites sobarla unas 20 veces más).

24 Une los extremos del círculo cuidando de que quede dentro la cuajada cremosa y pinza los extremos para hacer un pequeño hatillo.

¿UN HATILLO RÚSTICO O UNA BOLA BIEN PULIDA?

25 Presiona los extremos del hatillo para cerrarlo, el calor que queda te ayudará a que quede sellado. Puedes servir el queso como un hatillo o...

22 Trabaja con rapidez para que no se enfríe y da a la cuajada una forma plana y circular sobre un trozo de papel encerado, dejando el centro algo más grueso que los extremos. (Si necesitas más calor para aplanar la bola, vuelve a calentar la cuajada unos 10 segundos más).

23 Vierte la cuajada cremosa que has reservado en el paso 13 y colócala en el medio del círculo que has formado con la otra cuajada.

26 ... dobla el papel en torno al hatillo y retuerce bien los extremos para que el queso siga derritiéndose en el interior mientras sigue tomando forma, de 5 a 10 minutos, a temperatura ambiente.

27 Desenvuelve el queso para comerlo a temperatura ambiente. La mantequilla rezumará y la cuajada se te derretirá en la boca (quizá quede un poco aplastado, pero delicioso y con la forma tradicional que tienen los hatillos o bolsitas).

CONSEJO Deja que las sobras de burrata con mantequilla tostada se calienten a temperatura ambiente o bien caliéntalos en el microondas durante 10 o 20 segundos para que el relleno se ablande. Consejo quesero: La mayoría de los quesos ganan en sabor cuando se comen a temperatura ambiente, no fríos.

28 Repite los pasos del 14 al 27, ambos incluidos, con la segunda mitad de la cuajada. A la hora de servir, corta el queso de manera que se aprecien las dos texturas y los sabores. Mete en el relleno unas rodajas crujientes de pera o de manzana.

VARIACIONES Y SUSTITUCIONES

- En el relleno, para hacer la tradicional burrata, pon ¼ de taza de crema de leche en vez de la mantequilla tostada. Si haces el relleno con crema de leche, puedes enfriar el hatillo envuelto en papel en el frigorífico durante 5 minutos para mantener la forma de bola: al relleno de crema no le afecta la baja temperatura de la misma manera que al relleno de mantequilla.

- Rellena el hatillo con la cuajada y cualquier cosa que te apetezca: jamón, espinacas, incluso higos asados. ¿Quién podría detenerte? (¿Y a quién no le gusta encontrarse sorpresas?).

- Si deseas hacer experimentos, pero quieres ir despacio, mezcla el relleno de crema con un poco de pesto (aquí no necesitas la mantequilla tostada).

UVAS SALTEADAS Y JAMÓN

— PARA 6 U 8 RACIONES —

Debido a su magnífico sabor, la burrata funciona bien en cualquier ocasión. Esta presentación la eleva a un estatus de cena de celebración o de vacaciones. Es tan sustanciosa que la gente tendrá suficiente con un bocado, o dos como mucho.

2 cucharadas de mantequilla (pág. 236)

1 taza de uvas negras, enteras
o cortadas por la mitad

8 rodajas de jamón

1 hatillo de burrata de mantequilla
tostada

Pimienta negra molida gruesa

Derrite la mantequilla en una sartén caliente, a fuego medio. Saltea las uvas hasta que queden brillantes y se ablanden un poco, durante unos 3 minutos. Mientras, prepara las rodajas de jamón alrededor de una bandeja de servir y coloca en el centro el hatillo entero de burrata con sus extremos hacia abajo (la parte redondeada, hacia arriba). Si es necesario, recorta (y cómete) los extremos.

Coloca sobre la burrata las uvas doradas y calientes (y también la mantequilla sobrante, claro está). Rócialo todo con la pimienta molida. ¡Un aperitivo seductor e informal!

Es un alimento que llena, así que puedes acompañarlo y compartirlo con algo de ensalada verde. Si deseas variarlo un poco, puedes sustituir las uvas por higos frescos, albaricoques o ciruelas.

Capítulo 3

FORMAS Y SABORES

PRESENTACÍON:
Moldear a mano
y con moldes caseros

Puede que la parte más divertida de hacer quesos en una hora (además de comerlos, claro) sea poder crear tus propias versiones. ¿Que no sabes por dónde empezar? Busca en tus armarios de cocina recipientes que tengan las formas que se recomiendan. Después, dirígete a la tienda de quesos más chic de tu barrio en busca de ideas para aportar sabor, o intenta empezar con un tema: alimentos de otoño, por ejemplo, como salsa de arándanos, pastel de calabaza... o ¿y añadir unos arándanos secos y un poco de nuez moscada en el Fromage Facile (pág. 43) para untar sobre un bonito bagel? ¡Genial para un desayuno otoñal! Yo a veces me inspiro en alguna persona, en sus platos favoritos, en las vacaciones, en los productos de estación, en los postres, en aperitivos sabrosos, en la cocina de otros países, en otros quesos o incluso en los colores. Una vez empiezas, es un juego divertido, y las combinaciones que puedes hacer son sorprendentes e infinitas a la vez.

Moldear la cuajada

Si no pretendes cocinar con los quesos que tienen una textura firme, como el de cabra fresco (pág. 75) el paneer con curry (pág. 67), y el falso cheddar ahumado (pág. 103), ¡dedícate a darles una bonita presentación, te divertirás un montón! Algunas de las técnicas no significan dedicar mucho más tiempo que las formas que se sugieren en la receta; otras, debo admitirlo, requieren más entusiasmo. Reserva ésas para aquellos momentos en que puedas planearlas con tiempo o cuando la cosa esté más en hacer el queso que en comérselo.

No tienes por qué buscar moldes profesionales y prensadores para nuestros quesos hechos en una hora. Busca en tu cocina y prueba a imaginar cómo quedarían los quesos dándole forma con cortadores de galletas, moldes para hacer sushi, tazas medidoras ¡o incluso con moldes comestibles, como los pimientos rojos!

MOLDEAR

Si ya has probado a hacer el «hackeado» a las tres pimientas (pág. 129) o el falso cheddar ahumado (pág. 103), es que ya eres un experto en moldear el queso para su presentación. Pero vamos a repasar:

UTENSILIOS

- **Taza medidora u otro recipiente rígido**
- **Trapo de cocina, film para envolver alimentos o papel encerado (opcional)**
- **Cuajada de queso firme**

1 Con una cuchara, echa la cuajada con sal en el molde que hayas elegido –una taza medidora, un bol, un molde para tartas, etc...–. Opcional: Forra el bol con papel encerado o film de plástico para igualar las diferentes texturas y para que te sea fácil desmoldar el queso. Tápalo sin apretar con más film o papel encerado.

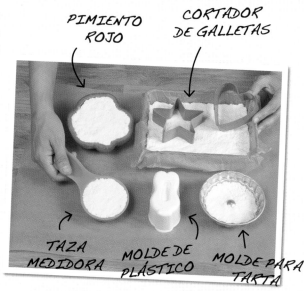

PIMIENTO ROJO

CORTADOR DE GALLETAS

TAZA MEDIDORA

MOLDE DE PLÁSTICO

MOLDE PARA TARTA

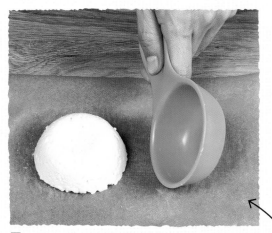

2 Presiona bien la cuajada sobre el molde que uses y luego enfríala en el congelador durante 10 o 15 minutos, de este modo el queso conservará la forma.

3 Para desmoldar el queso, invierte el bol o el molde que hayas usado y dale un golpe seco, o bien estira del papel o el plástico con el que lo hayas forrado (si es que lo has hecho).

¡VOILÀ! UNA
TAZA MEDIDORA
PROPORCIONA UNA
PEQUEÑA RACIÓN
DE QUESO.

VARIACIONES Y SUSTITUCIONES

• Prueba con moldes comestibles (además del pimiento rojo). Utiliza un cuchillo para cortar o vaciar verdura o fruta, puedes usar pepinos, tomates, manzanas, peras, higos y ciruelas. Quedan mejor cortados longitudinalmente y aportan unas bellas y deliciosas combinaciones de sabores, colores y texturas. Y, por si no queda claro: ¡no los desmoldes!

• Utiliza cualquier utensilio de cocina para contar con gran variedad de formas y tamaños. Con los moldes de magdalenas obtendrás unos medallones de queso estupendos, las cucharas medidoras forman unos bocados magníficos y con los boles resultan unas piezas de queso excelentes.

CORTAR

La tradicional pieza redonda de queso es una manera magnífica de presentar el queso hecho en casa, pero no tienes por qué limitarte a los moldes redondos o rectangulares.

Puedes hacer queso para llevar fuera. Si abrir en el trabajo la bolsa de desayuno y encontrarte de cara con un queso en forma de estrella o de corazón te emociona, aquí tienes una oportunidad para ser aún más artista. Hay tantas maneras de cortar queso (no confundir con «cortar el queso»*) como de moldear el queso. Para realizar diferentes formas en un queso de pasta firme, puedes usar un cuchillo de cocina, un corta galletas o una taza.

Haz una tanda de queso y elige un tema o haz diferentes formas. También es una buena forma de utilizar las sobras de queso, sólo tienes que cortarlo en una pieza de unos 4 centímetros de grueso y con una longitud que como mínimo sea la del cortador que vayas a usar.

UTENSILIOS

- Fuente o plato llano de cristal
- Papel de pergamino o encerado
- Queso de pasta firme
- Cortador de galletas, cortador de panecillos, taza, cuchillo

---

* La frase «cortar el queso» en inglés significa expeler una ventosidad. *(N. de la T.)*

1 Forra el plato llano con papel encerado. Presiona contra el fondo del plato la cuajada fresca, caliente y aderezada con sal hasta que tenga como mínimo 2,5 centímetros de grosor y asegurándote de que quede bien nivelado. Tápalo y deja que se enfríe en la nevera 2 horas como mínimo.

4 Si es necesario, presiona suavemente con los dedos la cuajada en los bordes. Si se pega, prueba a sumergir el cortador de galletas en agua o aceite de oliva.

2 Vierte la cuajada sobre una superficie plana, como una encimera o una tabla de cortar. Antes de cortar el queso, piensa cómo vas a colocar el cuchillo o el cortador.

3 Presiona el cortador sobre la cuajada y muévelo un poco hacia los lados para asegurarte de que cortas toda la cuajada.

5 Es fácil cortar formas con cortadores que galletas que sean sencillos (los que tienen muchas formas y recovecos no funcionan tan bien).

VARIACIONES Y SUSTITUCIONES

Al igual que a la hora de decorar galletitas, la de recortar formas es sólo el principio. Después, puedes seguir embelleciendo tu obra con hierbas, flores comestibles, especias, frutos secos e incluso verduras frescas o encurtidos. (Fíjate cómo toma vida el conejito de la foto con los granos de pimienta a modo de ojillos y unas ramitas de romero de bigotes). Cubre un corazón con pimienta rosa, marca las puntas de una estrella con hojitas de hierbas..., ¡saca el niño que llevas dentro! (o mejor aún: di a un niño que te ayude). Para más ideas sobre ingredientes comestibles que den sabor y forma a tus creaciones consulta en la pág. 206 «Hierbas y flores comestibles».

Moldear la cuajada blanda

La cuajada blanda puede moldearse igual que la firme, pero dada su estructura relativamente frágil, requiere una manipulación más delicada. Así, por ejemplo, no es necesario presionarla por lo general, tan sólo hay que vigilar de que no queden en ella huecos o burbujas de aire.

Cuando busques moldes en tu cocina que te puedan servir, procura que sean más manejables que los que utilizas con las cuajadas firmes. Cucharas medidoras, cazillos, moldes de papel para magdalenas, esterillas para hacer sushi, todo puede servir, ¡haz pruebas!

La cuajada es más manejable cuando está fría, de modo que si quieres obtener buenos resultados, enfríala en el congelador durante 10 o 15 minutos, o bien un par de horas en la nevera, después de haberla escurrido bien. Antes de darle forma, remuévela y amásala suavemente con una cuchara para darle una consistencia bien suave.

RULO DE QUESO CLÁSICO

Para hacer el clásico rulo puedes usar papel encerado o tus propias manos, pero una esterilla de sushi te ayudará a crear un bloque más consistente, ¡y también a imprimirlo con el dibujo del bambú! Si no tienes una en casa, te costará muy poco conseguir una y facilitará muchísimo el enrollar la cuajada.

UTENSILIOS

- Papel encerado o de pergamino
- Esterilla de bambú para sushi
- Cuchara
- Cuajada blanda

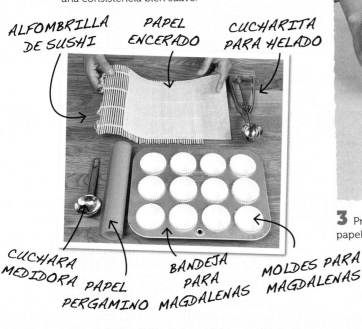

ALFOMBRILLA DE SUSHI

PAPEL ENCERADO

CUCHARITA PARA HELADO

CUCHARA MEDIDORA

PAPEL PERGAMINO

BANDEJA PARA MAGDALENAS

MOLDES PARA MAGDALENAS

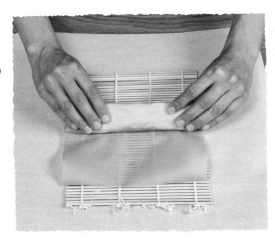

3 Primero enrolla suavemente la cuajada con el papel encerado.

1 Cubre la esterilla de sushi con papel encerado o de pergamino.

2 Con la ayuda de una cuchara, reparte uniformemente la cuajada de lado a lado de la esterilla y formando una capa de 5 centímetros de grosor.

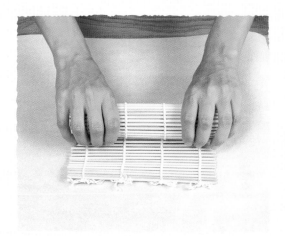

4 Después, enrolla firmemente la esterilla en torno al papel. Aprieta bien la esterilla, ejerciendo más presión aún para asegurarte de que el rulo quede nivelado.

5 Desenvuelve la esterilla y el papel. Alisa cualquier imperfección e iguala los extremos si no han quedado igualados. Ahora el rulo de queso ya está listo para cubrirlo con especias, hierbas, frutos secos troceados o incluso flores comestibles (consulta pág. 206).

BOMBONCITOS

Cubre estos bocaditos de quesos con diversos alimentos llenos de sabor y color para deleitar a tu mesa. Puedes darles forma con las manos, como en la receta de los besos de queso de cabra al estilo francés (pág. 49) o bien hacer unos bomboncitos con una cuchara y colocarlos luego en moldes de papel para magdalenas (¡para darles un aspecto chic!).

UTENSILIOS

- **Moldes de magdalenas pequeños**
- **Cucharita de hacer galletas o bolitas de melón**
- **Cuajada blanda**

1 Con la ayuda de una cuchara medidora o de servir helado forma bomboncitos extrayendo porciones de cuajada del bol.

2 Presiona la cuajada en la cuchara para eliminar burbujas de aire.

3 Vierte el bombón de queso en un minimolde de magdalena. Repite tantas veces como necesites, hasta acabar la cuajada.

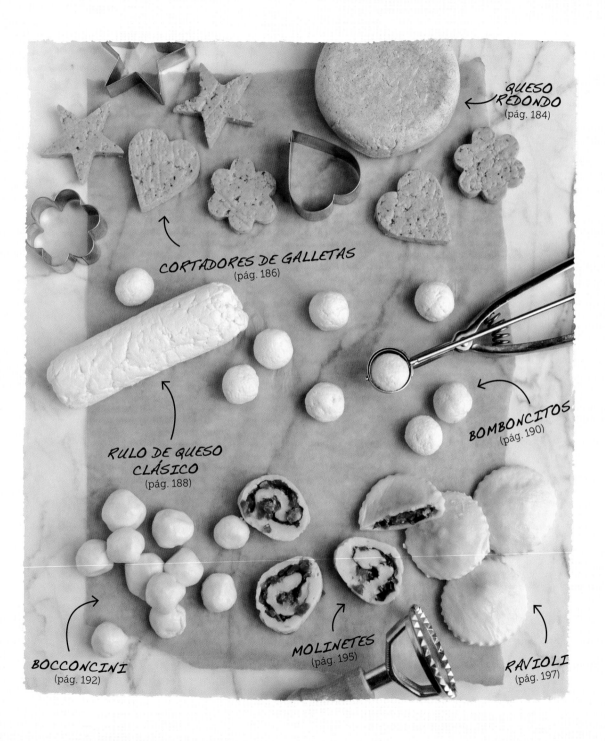

QUESO
REDONDO
(pág. 184)

CORTADORES DE GALLETAS
(pág. 186)

RULO DE QUESO
CLÁSICO
(pág. 188)

BOMBONCITOS
(pág. 190)

BOCCONCINI
(pág. 192)

MOLINETES
(pág. 195)

RAVIOLI
(pág. 197)

Moldear la cuajada hilada

Ya has visto varias maneras de dar forma a los quesos de pasta hilada, desde la burrata de mantequilla tostada (pág. 171) a la de queso oaxaca con chile chipoltle y lima (pág. 161) y mi mozzarella favorita (pág. 137), de modo que ya conoces las técnicas básicas. ¡Pues ahora vamos a ir un poco más lejos!

BOCCONCINI (BOCADITOS)

Por supuesto que puedes cortar queso mozzarella en dados y sumergirlos en una vinagreta para hacer unos deliciosos aperitivos, pero este método vale mucho más la pena si das al queso forma de unos estupendos bocconcini (en italiano, bocaditos) marinados, para una fiesta, o para regalar. Remata la cuestión estética marinándolo en un bonito recipiente (aceite de oliva con hierbas, pág. 204). Puedes empezar con una cuajada simple o con sabores, pues la elección no altera el proceso.

UTENSILIOS

- **Cuajada hilada de mi mozzarella favorita**
- **Papel encerado o de pergamino (un poco más ancho que el ancho de la cuajada)**
- **Cordel de algodón (dos veces el largo de la cuajada hilada)**

1 Prepara una tira de mi mozarella favorita, tal como preparas la pizza hilada (págs. 137-149).

DEJA UN POCO DE CORDEL EN EL EXTREMO.

4 Envuelve el extremo largo del cordel en torno a la tira de queso, a unos 3,5 cm de la punta.

2 Coloca horizontalmente la cuajada en medio del papel (que sobre de 5 a 7 centímetros) y envuélvela firmemente. Retuerce los extremos para cerrar el paquete.

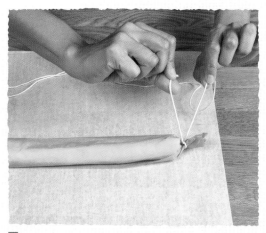

3 Ata el remate con un extremo del cordel y deja un buen trozo para poder trabajar con él.

SUJETA EL EXTREMO CORTO DEL CORDEL MIENTRAS TRABAJAS.

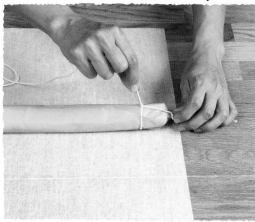

5 Ensarta el cordel por debajo para hacer un nudo.

6 Estira con fuerza los dos extremos del nudo y tendrás ya la forma del primero de tus bocaditos. Repite la operación cada 3,5 centímetros.

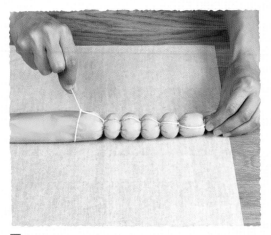

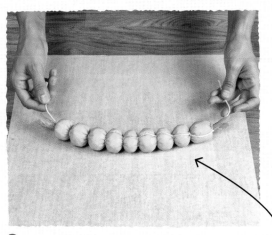

7 Sigue anudando procurando a la vez que cada espacio entre nudo y nudo quede bien firme para que los bocaditos tengan consistencia.

8 Anuda el último tramo y echa un vistazo a tu obra antes de desmontarla.

EL ASPECTO SERÁ EL D[UNA ESPECIE DE COLLA[CON CUENTAS DE QUES[

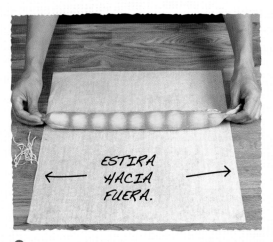

ESTIRA HACIA FUERA.

9 Corta el cordel y estira hacia fuera los extremos del papel.

10 Desenvuelve el papel: ya tienes los bocconcini listos para macerarlos en vinagre, hierbas, ajo y demás, o bien para servir tal cual. Si en una fiesta quieres impactar a tus invitados de antemano, espera a desenvolverlos frente a ellos.

MOLINETES

Los intolerantes al gluten se regocijarán cuando vean este aperitivo sin pan, que además puede ser perfecto para una ensalada caprese, o, según el relleno, un plato principal. Prueba a hacer estos molinetes con jamón, calabacín asado, tapenade (paté de aceitunas)..., las posibilidades son infinitas.

UTENSILIOS

- **Una porción ovalada de mozarella (o cualquier otro queso de pasta hilada que siga las instrucciones de la burrata de mantequilla tostada, pág. 171)**
- **Papel encerado (una hoja poco más grande que la porción de mozzarella)**
- **Rellenos: Hojas de albahaca, tomates secos, hojas de rúcula (o cualquier cosa que sea de tu agrado)**

1 Coloca la pasta de queso aplanada sobre una hoja de papel encerado y rellénala con los alimentos que hayas elegido. (Nota: Un relleno demasiado oleoso o húmedo dificulta que el molinete quede bien sellado). Puedes hacer la pieza oval del tamaño que desees.

2 Distribuye el relleno sobre el queso, cubriendo toda la superficie a excepción de los extremos, que deben quedar planos para sellar los molinetes.

3 Empieza a enrollar el queso a lo largo por un lateral atrapando bien todos los ingredientes. Si es necesario, utiliza el papel para empezar a enrollar el queso.

4 Sigue enrollando el queso procurando que no se escapen los ingredientes por los lados. Después, envuélvelo con el papel encerado.

5 A medida que vas enrollando el papel, aprieta firmemente para que el contenido quede bien sujeto, pero no demasiado, pues el rulo quedaría irregular.

6 Desenvuelve el papel y corta el queso en porciones de entre 2,5 y 5 centímetros (¡según tu apetito!).

7 Emplata y sirve los molinetes.

¡A DISFRUTAR!

RAVIOLIS

¿A quién no le gustan los raviolis? Esas nubes blanditas rellenas de delicias cremosas... No puedo pensar en nada mejor hecho; bueno, espera: ¿y por qué no sustituir la pasta por queso? Rellena el queso con tu verdura o carne favorita, vierte encima salsa caliente y ¡disfruta! Puedes aplicar la misma técnica con exquisiteces como gyozas (empanadillas japonesas), rollos de huevo, empanadas, pierogi (pasta polaca), cosas así.

UTENSILIOS

- **2 láminas de mozarella (mi mozzarella favorita, pág. 137)**
  Nota: 15 x 20 es un buen tamaño para dos personas
- **Papel encerado**
- **Cuchillo, cúter o cortador de pizza**
- **Cucharita**
- **Aproximadamente 1 taza del relleno que hayas elegido (espinacas salteadas y champiñones, tomates secos y hojas de albahaca, restos de jamón asado, pimientos y cebollas asados, tapenade, salchichas y aceitunas)**
- **Tenedor**

1 Aplana las dos piezas de mozzarella sobre papel encerado y déjalas a un grosor de 0,5 centímetros aproximadamente. (Nota: Si tienes la suerte de tener una bandeja de hacer raviolis, hazlos con ella).

2 Coloca una cucharada del relleno (pequeña si quieres hacer raviolis diminutos, y grande si quieres hacerlos de tamaño mayor) en cada trozo destinado a un ravioli.

3 Cubre cuidadosamente la lámina de queso con el relleno con la otra lámina vacía.

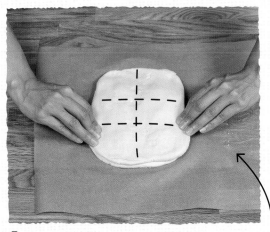

4 Presiona con suavidad la parte superior por los extremos y entre los «bolsillos» rellenos.

PRESIONA TAMBIÉN ENTRE CADA «BOLSILLO».

5 Recorta los extremos y corta los raviolis por las partes marcadas (usa un cuchillo, un cortador de pizza o un cúter de cocina) y con la ayuda de un tenedor presionas los bordes para sellarlos.

6 Cómelos como hojaldritos o bien con salsa de tomate o de pesto, o de la manera en que suelas comer los raviolis. No se trata realmente de pasta, sino de un delicioso queso fundido, de modo que mantén la salsa caliente pero no extremadamente caliente.

Envolver el queso

Los queseros de todo el mundo son gente muy creativa, los hay que envuelven los quesos de cabra franceses con hojas de parra empapadas en licor para añadirles un sabor especial, y quienes cubren la burrata con hojas de palma para guardarla, y también para su presentación. Éstos son sólo dos de los estupendos envoltorios que puedes hacer, pero puedes guardar hojas de cardo, de nori (algas), de maíz, y también de parra (no tienes que empaparlas en ningún licor) para otras opciones. No tengo que decirte que es muy fácil de hacer, ¿verdad? Vamos a usar las hojas de parra como ejemplo.

UTENSILIOS

- Papel encerado o una superficie lisa y limpia
- 3 hojas de parra
- Una porción pequeña o una cuña de queso
- Una hoja de salvia fresca o bien de otra hierba (opcional)

1 Prepara sobre la superficie de trabajo tres hojas de parra e intercálalas sin que queden huecos entre ellas.

BÚSCALAS EN UNA TIENDA DE PRODUCTOS GRIEGOS O MEDITERRÁNEOS.

2 Coloca el queso en el centro (yo le añado una hoja de salvia para darle atractivo y sabor) y empieza a doblar las hojas hacia el centro, cubriendo el queso.

3 Sigue doblando las hojas hasta formar un paquetito que quede bien curioso.

4 Da la vuelta al paquetito para que queden las nervaduras de las hojas bien visibles, y ¡ya lo tienes! Cómelo tal cual, o bien embadurna las hojas con aceite de oliva y tuéstalas un poquito hasta que queden doradas. Desenvuelve el paquetito para comer o bien corta una ración con las hojas de parra, pues están deliciosas.

VARIACIONES Y SUSTITUCIONES

- Decora tus fantásticos paquetitos de queso con hojas de cebollino, hierbas, flores comestibles y pimienta. Si es necesario, mantén el envoltorio con algún palillo oculto entre las hojas, pero acuérdate de retirarlo a la hora de comer.

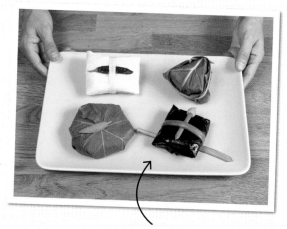

PRUÉBALOS CALENTÁNDOLOS A LA PLANCHA.

QUESO EN ACEITE
DE OLIVA CON HIERBAS
(pág. 204)

¡Gracias!

QUESO ENVUELTO
EN HOJAS DE PARRA
(pág. 199)

FLORES
COMESTIBLES
(pág. 206)

HIERBAS SECAS
Y ESPECIAS
(pág. 208)

SABORES
A CAPAS
(pág. 210)

PERSONALIZA TUS QUESOS:
Hierbas, especias y flores comestibles

Añadir a tus quesos hierbas, especias e incluso flores comestibles significa darles un toque personal a la vez que se realza su sabor (después de todo, tu queso no es sólo una cara bonita: bajo su aspecto hay toda una gran personalidad). Aquí tienes unas cuantas sugerencias para llegar a conocer las hierbas de tu jardín (o las flores) y saber utilizarlas para presentar tus quesos.

Aceite de oliva con hierbas

Cualquier queso que mantenga su forma después de haberlo cortado puede colocarse en un recipiente transparente, un bote de cristal por ejemplo, cubrirlo con aceite de oliva extra virgen y añadirle hierbas y ajo. Así tienes siempre un aperitivo a punto, o bien puedes hacerlo en plan «línea de montaje» y contar con él para tus regalos. Además tiene una ventaja extra: con este sistema, el queso puede conservarse unos cinco días más en la nevera, y puedes aplicarlo a las sobras de tus queso (si es que las hay). Puedes utilizar hierbas de temporada, eso te proporcionará una gran variedad de sabores y colores.

NOTA: La pizza hilada (pág. 151), el de cabra fresco (pág. 75), y el «hackeado» a las tres pimientas (pág. 129) son magníficos para este procedimiento, pero todos los quesos que conserven la forma después de cortarlos funcionan igualmente bien.

UTENSILIOS

- ½ taza de queso de textura firme (para un bote)
- Cuchillo
- 2 ramitas o 5 hojas de hierbas frescas
    (o ½ cucharadita de hierbas secas)
- 1 o 2 dientes de ajo, al gusto
- 10 granos de pimienta de colores
- Una pizca de sal
- 125 ml de aceite de oliva virgen extra

1 Prepara los ingredientes y corta el queso en dados de 1 a 3 centímetros.

4 Todos los ingredientes tienen que quedar cubiertos de aceite.

2 Ve llenando el bote con el queso y el resto de los ingredientes (hierbas, ajos, pimienta) en capas. Pon encima una pizca de sal.

3 Llena con cuidado el bote con el aceite de oliva.

5 Cierra el bote con la tapa y déjalo en la nevera como mínimo 4 horas para que el queso tome el sabor del resto de los ingredientes. El sabor será más pronunciado cuanto más tiempo esté el queso en contacto con las hierbas y el ajo.

CONSEJO Mantener el queso con aceite herméticamente cerrado, sin contacto con el aire, hace que se conserve más tiempo. El aceite, al enfriarse en la nevera, se volverá un poco turbio, pero al poco de haberlo sacado, al cabo de unos 15 minutos, volverá a aclararse.

Hierbas y flores comestibles

Además de las hierbas que puedas tener en una maceta en tu cocina, en todas partes puedes encontrar flores comestibles. Las flores de lavanda, de cebollino, de salvia, de guisantes de olor, flores de rúcula y rosas miniatura (de múltiples colores) son fáciles de encontrar. Si no tienes jardín, investiga por tu barrio, y si ves algo interesante, pregunta si te dan algunas flores. ¿Quién negaría unas florecillas y unas cuantas hierbas para hacer con queso fresco? (pero antes pregunta a tus vecinos si rocían las plantas con insecticidas o cualquier producto que no se pueda ingerir. Quizás también estaría bien averiguar si están a la altura del perro, ya sabes lo que quiero decir). Ya que estás en ello, recoge también ramitas de salvia, de romero, albahaca, menta, eneldo, hinojo y puntas de espárrago. Este maravilloso derroche de color y sabor te abrirá las puertas de un mundo nuevo para decorar tus quesos, y a la vez es terriblemente romántico e impresionante.

UTENSILIOS

- **Varias hierbas y flores comestibles**
- **Papel encerado o de pergamino**
- **Una pieza pequeña de queso de textura firme o blanda**

1 Como un artista en su paleta, recoge y selecciona flores frescas y comestibles y también hierbas, como pétalos de rosas, brotes de espárragos y diminutas hojas de menta bergamota.

4 ¡Usa la textura y humedad del queso como pegamento! Cubre la pieza de queso con algún ingrediente adicional, como pimienta molida y miel y trocitos de pistachos y cardamomo molido. Yo he llegado a utilizar hojitas de espárrago y de menta.

DISEÑA PRIMERO LO QUE PRETENDES HACER, ESO AYUDA.

2 Haz una pequeña degustación para familiarizarte con los nuevos sabores y texturas. Deseas que complementen el queso que has elegido, de modo que prueba un poquito del queso con pizcas de hierbas y flores.

3 Coloca el queso en medio del papel encerado y ve aplicando las flores y las hierbas de una en una, presionando un poco en un lado del queso.

NOTA: Si el queso está muy caliente, hará que las hierbas y las flores se ablanden, pero por lo demás la temperatura no importa.

5 Sirve el queso junto con otros también decorados y tendrás un minijardín en la bandeja: ¡listo para una buena merienda! Haz algo sencillo, como unas flores de tomillo sobre queso de cabra fresco.

VARIACIONES Y SUSTITUCIONES

• En el caso de flores comestibles grandes, como las del calabacín, prueba a rellenarlas con queso. Estas flores resultan deliciosas fritas en mantequilla, pero aunque las presentes simplemente rodeando el queso, como hojas de parra (págs. 199-200) resultan magníficas.

Hierbas secas y especias

Hay muchas más maneras, afortunadamente, de que tus quesos ganen puntos con la presentación. Si las hierbas y las flores no son lo tuyo, siempre puedes recurrir al estante de las especias. Ya estés cubriendo el queso o bien poniendo capas de especias (pág. 210), la pimienta negra, el orégano, la albahaca, la lavanda, las semillas de alcaravea y las sales especiales te ayudarán a adornar y mejorar tus quesos blandos.

PEQUEÑAS DELICIAS PARA RECUBRIR LOS QUESOS

Son muchas las delicias que pueden realzar tus quesos. Recubre tus quesos, sea cual sea la forma que les hayas dado, con las hierbas, semillas o sales que hemos mencionado antes, pero no te detengas aquí. Las especias aromáticas, como el pimentón ahumado y la canela, o frutos secos troceados como piñones o pecanas aportan sabores y texturas que dan un toque especial a la bandeja de quesos caseros.

UTENSILIOS

- **Papel encerado**
- **Una porción de masa quesera (ya sean minibocados, porciones o ruedas) fría**
- **Hierbas secas (orégano, albahaca, lavanda, etc.)**

PAPEL ENCERADO = LIMPIEZA MÁS FÁCIL

1 Coloca una hoja de papel encerado en la encimera de la cocina o en el sitio en que trabajes para facilitar la limpieza. Esparce sobre el papel una ración generosa de hierbas secas.

4 Puedes también recubrir los extremos del queso con las hierbas.

2 Desenrolla el papel con cuidado y coloca el queso blando sobre las hierbas.

3 Haz rodar el queso sobre las hierbas para que cubran toda su superficie.

¡UN RULO PARA UNA FIESTA!

5 Una vez ya tengas el queso cubierto con las hierbas, ha llegado el momento de la fiesta, es decir: servir y cortar.

- Empieza con distintas formas de queso blando.
- En vez cubrir todo el queso o la porción, recubre sólo algunas partes.

SABORES A CAPAS

Hay algo muy seductor en esa capa de moho del queso azul o en la capa de ceniza de los quesos franceses. Se trata de algo muy fácil de crear –del estilo de quesos en una hora– con finas hierbas o especias.

UTENSILIOS

- **Cuchara**
- **Queso de pasta blanda**
- **Molde de queso**

  Nota: Aquí uso los tradicionales moldes de queso, semitransparentes, para que puedas ver las capas, pero también se pueden utilizar tazas o boles.

- **Variedad de hierbas secas (yo usé eneldo)**

1 Echa en el molde la mitad de la cuajada que quieras usar para formar la primera capa, cuando inviertas el molde ésa será la primera capa.

¡ES COMO ENHARINAR EL MOLDE DE UN PASTEL!

PRIMER PLANO

Limpia el interior del molde con el dedo índice para que la segunda capa no quede moteada de hierbas.

4 Palmea el lateral del molde al darle la vuelta, moviendo las hierbas para que cubran la primera capa. Retira el exceso de hierbas.

5 Cubre la fina capa de hierbas con el resto de la cuajada, si es que la has dividido en dos partes. La segunda capa debe tener el mismo grosor que la primera. Después presiona firmemente el interior del molde.

2 Nivela la capa con la ayuda de la cuchara y ten en cuenta que la línea de hierbas quedará en la superficie que has creado.

3 Espolvorea con una ligera capa de hierbas la cuajada. La capa tiene que verse, pero no debe ser demasiado gruesa, pues de serlo evitaría que la segunda capa de cuajada se uniese.

6 Nivela la superficie, da la vuelta al molde y da un buen golpe para que el queso salga y caiga en la bandeja.

• La técnica de las capas funciona también con fruta deshidratada, como orejones, con aceitunas troceadas, o zumaque, como puede verse en el queso más pequeño.

Capítulo 4

LA TABLA DE QUESOS HECHOS EN CASA

GUARNICIONES Y ACOMPAÑAMIENTOS

Si **bien el queso** de por sí ya es un tentempié perfecto, el asunto ahora es acompañarlo con otros alimentos y averiguar por qué vale la pena prepararlos en plan casero. Puedes complementar tus quesos con texturas crujientes o blanditas, jugosas, frescas, sazonadas, picantes u otras delicias. El contraste y la variedad hacen que preparar un refrigerio pase a ser toda una experiencia culinaria. Además, una selección bien equilibrada te dará la oportunidad de limpiar el paladar entre queso y queso, y te permitirá dar ese «primer mordisco» más de una vez. Suponiendo que ya has hecho el queso, lo más probable es que estés ya listo para salir de la cocina y ponerte a comer, pues estos magníficos acompañamientos se preparan en un momentito.

MEJORAS Y ARREGLOS:
Maneras sencillas de personalizar los manjares comprados

En menos de diez minutos puedes hacer que los alimentos básicos que tengas en la despensa o en la nevera pasen a ser unas verdaderas *delicatesen* que hagan las veces de cortejo y apoyo de tus quesos caseros en esas cenas improvisadas en el último momento.

Frutos secos caprichosos

Puedes preparar una guarnición perfecta para tus quesos combinando frutos o semillas con especias, sales y también aceite o miel. Usa las proporciones que indican las recetas como punto de arranque, pero luego ajusta los ingredientes a tu paladar, o usa cosas realmente fuertes, como la cayena, o especiales, como la miel. Estas almendras con sal marina y romero resultan magníficas con cualquier tipo de queso (o, me atrevería a decir, tal cual, ellas solas), pero a mí me agradan especialmente el contraste de las almendras saladas y crujientes con la cremosidad de quesos como el Fromage Facile (queso fácil, pág. 43).

> **CONSEJO** Es mejor guardar los frutos secos en la nevera, pues pueden volverse rancios, además de ese modo siempre tendrás una reserva a mano (y no tirarás el dinero).

ALMENDRAS CON SAL MARINA Y ROMERO
PARA 4 O 6 RACIONES

INGREDIENTES

- **2 tazas de almendras tostadas (saladas van bien)**
  Nota: A ser posible utiliza almendras españolas, tipo marcona, ¡son especialmente buenas!
- **1 o 2 cucharaditas de aceite de oliva extra virgen**
- **2 cucharaditas de romero fresco, bien picado**
- **Sal marina en escamas, al gusto**

1. Echa las almendras y una cucharadita de aceite de oliva en un bol profundo y mezcla bien hasta que las almendras queden cubiertas.

2. Si ves que algunas almendras quedan secas, añade al bol un poco más de aceite −¼ de cucharadita− (no tienen que quedar empapadas, tan sólo lo suficiente para que luego se le adhieran las hierbas).

3. Añade el romero y la sal y mézclalo todo bien, y, hecho esto, ya puedes servirlo.

Opcional: Si tienes cinco minutos, sirve las almendras calientes. Precalienta el horno a 180 °C y hornea las almendras unos cinco minutos sobre una bandeja de galletas cuidando de que no se tuesten (sólo lo justo para que queden calientes y olorosas). Nota: Hay frutos secos y semillas que se tuestan antes que otros, o sea que estate bien atento. Las pipas de calabaza explotan cuando se tuestan, no te asustes, asegúrate de sacarlas antes de que se quemen.

- Avellanas, cacao en polvo, chili en polvo, sal marina, aceite de avellanas

- Nueces pecanas, pimienta negra molida, sal marina, miel (en vez de aceite)

- Nueces, canela, cayena, sal marina, ghee

- Semillas de calabaza, curry en polvo, ralladura de limón, sal marina, aceite de oliva

¡ESPERANDO AL ARTISTA!

TABLA DE QUESOS EN CINCO MINUTOS

¿Has invitado a tus compañeros tras la jornada laboral a hacer una degustación de quesos? Sólo tienes que hacer una incursión en la despensa y en la nevera y buscar nueces, aceitunas o pepinillos; o frutos secos como dátiles, higos y ciruelas; miel (mejor aún si es miel silvestre) y mermeladas; y fruta fresca: uvas, frutos del bosque o rodajas de manzana. Todos estos alimentos constituyen unos magníficos acompañamientos para los quesos. Haz buen acopio de los alimentos elegidos, colócalos en una bandeja grande y añade el queso o los quesos. Es fácil, es rápido, y más que suficiente para satisfacer a un pequeño grupo de comensales.

ACEITUNAS
MEDITERRÁNEAS
(pág. 217)

HALOUMI
A LA PLANCHA
(pág. 93)

CRISPIS DE JÍCAMA
(NABO MEXICANO)
(pág. 218)

ALMENDRAS
CON SAL MARINA
Y ROMERO
(pág. 214)

DÁTILES RELLENOS
DE NUECES
(pág. 217)

Bocaditos de frutas y frutos secos

El motivo original por el que se secaba la fruta era para poder conservarla más tiempo, y no sólo en su estación. Hoy día esa utilidad significa poder montar una comida en un plis plas. Puedes guardar en la despensa diversos tipos de fruta y frutos secos para cualquier ocasión «quesera». Prueba estos dátiles, dulces y salados con la burrata de mantequilla tostada (pág. 171) o con los besos de queso de cabra al estilo francés.

DÁTILES RELLENOS DE NUECES

PARA 4 O 6 RACIONES

INGREDIENTES

- **8 dátiles medjool**
- **Sal marina en escamas (siempre que las nueces no sean saladas)**
- **16 nueces grandes**

1. Corta cada dátil por la mitad, deshuésalo y quita cualquier tallo u hojita que tenga.

2. Coloca los dátiles boca arriba y sálalos.

3. Pon una nuez en la cavidad del dátil, en el lugar del hueso, de manera que quede bien sujeta.

OTRAS SUGERENCIAS

- Albaricoques secos, anacardos, pimienta molida

- Higos secos, almendras secas y saladas, tomillo bien picado

- ¿Tienes algo más de tiempo? Envuelve el fruto seco en una tira de beicon y sujétalo con un palillo. Hornea los paquetitos a 180 °C hasta que el beicon quede crujiente, alrededor de unos 15 minutos.

ACEITUNAS MEDITERRÁNEAS

PARA 4 RACIONES

Conserva siempre en la nevera un bote grande o dos de aceitunas, no se estropearán y serán un buen acompañamiento para los quesos de pasta firme de tu lista. Saca las aceitunas un rato antes de la fiesta y combínalas con diversas delicias: crearás tu propia cata de aceitunas. La tienda libanesa de mi barrio tiene una gran variedad de aceitunas en tarros, latas o incluso en bolsas, pero en cualquier tienda de alimentación podrás encontrar aceitunas que puedas utilizar. Las aceitunas mediterráneas quedan especialmente bien con el queso de cabra fresco (pág. 75), mi mozzarella favorita (pág. 137) y con paneer (*véase* «Variaciones y sustituciones», en pág. 72).

INGREDIENTES

- **1 taza de aceitunas kalamata**
- **1 cucharadita de chili en escamas**
- **2 cucharaditas de za'atar, tomillo seco u orégano**
- **Zumo de limón**
- **Un poquito de aceite de oliva extra virgen**

1. Mezcla todo en un bol y remuévelo hasta que las aceitunas queden bien cubiertas.

2. Sirve de inmediato, o bien deja marinar las aceitunas en la nevera hasta el momento de usarlas.

CONSEJO Prueba a usar za'atar, una mezcla de especias, ácida y aromática, de algunos países mediterráneos, que contiene tomillo, zumaque y semillas de sésamo, que a menudo se toma con aceite de oliva y pan de pita. Puede sustituirse por tomillo seco u orégano.

OTRAS SUGERENCIAS

- Aceitunas verdes españolas, orégano, tomates secos en aceite, pimienta negra

- Aceitunas negras curadas (no las de las pizzas), perejil fresco troceado, ralladura de lima, zumo de limón

Crispis crudos

Algunos quesos resultan aún mejores con un acompañamiento fresco y jugoso, e incluso dulce.La fruta y la verdura pueden parecer alimentos un tanto insulsos cuando hablamos de algo tan sabroso como estos fantásticos quesos en una hora, pero si los cortamos finamente y los combinamos bien, pueden resultar muy especiales y aportar al paladar frescas sensaciones entre bocado y bocado de quesos sabrosos. Según la textura, puedes usar una lámina de verdura para tomar un bocado de queso o bien presentarla troceada en una bandeja, como harías para presentar una bonita bandeja de quesos. Echa un vistazo a las recomendaciones de más abajo o busca entre los productos de estación lo que creas que aporte más sabor y quede más crocante junto a tus quesos. Los crujientes crudos son excelentes para acompañar cualquier queso de este libro, pero son especialmente idóneos para la burrata de mantequilla tostada (pág. 171) y la ricotta con limón meyer (pág. 35).

CRISPIS DE JÍCAMA (NABO MEXICANO)
PARA 4 O 6 RACIONES

El sabor de la jícama y su textura crujiente resultan perfectos para acompañar quesos sabrosos como el «hackeado» a las tres pimientas (pág. 129) o el falso cheddar ahumado (pág. 103). Para un resultado óptimo, corta las láminas justo antes de comerlas..

INGREDIENTES

• **Nabo jícama o nabo japonés sin semillas**

1. Pela el nabo.
2. Con una mandolina o un cuchillo muy afilado, corta unas finísimas láminas (en forma de media luna o en tiras anchas).

OTRAS SUGERENCIAS

• Peras: Córtalas en láminas para acompañar a los redondos de queso fresco (pág. 123) o mi mozzarella favorita (pág. 137).

• Rábanos de colores: Ponles por encima un poco de queso fácil (pág. 43) y cebollino troceado.

• Pepino, remolacha o colirábano en vinagre: Córtalos finamente o sírvelos enteros con haloumi (pág. 93), o con dados de paneer con curry (pág. 67).

• Rodajas de boniato deshidratado, tomates, manzanas o naranjas sanguinas: Úsalas como crackers (galletas saladas) y acompáñalas con quesos blandos.

CROSTINI DE CALABAZA
Y CEBOLLINO
(pág. 221)

BESOS DE QUESO
DE CABRA AL ESTILO
FRANCÉS
(pág. 49)

CRACKERS
DE SALAMI
(pág. 222)

CRACKERS DE PLÁTANO
MACHO Y PIMIENTA
MOLIDA
(pág. 220)

GALLETAS DE ACEITE
DE OLIVA, PIMIENTA
DE COLORES Y AJO
(pág. 222)

IMPROVISACIONES: Métodos y recetas para crear en 15 minutos maridajes personalizados

Fruta confitada, compotas de frutas, crostinis deliciosos y crackers crujientes con aceite de oliva siempre acompañan seductoramente los estantes de los quesos, pero además de seductores, son también bastante caros. Los ingredientes que los forman son en cambio bastante sencillos. Con estos consejos y unos 15 minutos de reloj (o menos) puedes recrear fácilmente tus propias *delicatessen* para acompañar los quesos, así que anímate y deslumbra a tus invitados.

Crackers, crostinis y otros placeres crujientes

Es realmente fácil encontrar crackers de una enorme variedad de sabores, formas y texturas. Hay crackers muy granulados, repletos de semillas o las sencillas galletas de soda pensadas simplemente para limpiar el paladar o añadir un toque crujiente; los hay sin gluten, de arroz; e incluso hace poco vi en el mostrador de mi tienda de quesos rodajas de naranjas sanguinas deshidratadas (y corrí a casa a buscar mi deshidratador). Todo está delicioso. Puedes quedarte atónito frente al mostrador de los crackers, pero si ansías algo totalmente diferente o buscas algo que un cracker de trigo no te va a dar, intenta hornear o freír unas finas rodajas de estos...

> *CONSEJO* No todos los plátanos machos son iguales, si usas uno bien maduro en vez de uno verde, tendrás un platillo dulce, suave y caramelizado. Los plátanos machos son más para condimentar, pero son también deliciosos (¡y magníficos con ricotta!) para hacer crakers con ellos, tan sólo ten en cuenta que no estén demasiado maduros.

CRACKERS DE PLÁTANO MACHO Y PIMIENTA MOLIDA

PARA 4 RACIONES

Éstos son mis crackers caseros favoritos. Me encantaría enormemente que los probaras. Si has probado alguna vez los tostones de Puerto Rico, su sabor te resultará familiar.

INGREDIENTES

- **1 plátano macho grande**
- **4 cucharadas de aceite de coco o de ghee para freír (pág. 240)**
- **Sal marina y pimienta molida**

1. Pela el plátano (quizás necesites un cuchillo) y córtalo en rodajas muy finas, como un cracker.

2. Calienta el aceite o el ghee en una sartén a fuego medio-alto, y añade más si el plátano lo absorbe.

3. Fríe las rodajas por ambos lados hasta que queden doradas y crujientes (no dejes que se solapen), unos dos minutos por lado.

4. Saca los crakers y sécalos con papel de cocina. Espolvoréalos con sal y pimienta. Ya están listos para hundirlos en tus quesos o comerlos junto a ellos.

CROSTINIS (TOSTADITAS) DE CALABAZA Y CEBOLLINO

PARA 4 RACIONES

Los crostinis no tienen por qué hacerse de pan, prueba a hacerlos de calabaza o de tubérculos para conseguir una variedad divertida y llena de color. La calabaza moscada es mi favorita, por su cuello largo, porque tiene pocas semillas y porque tiende a caramelizarse por los lados. ¡En rodajas finas queda maravillosamente crujiente!

INGREDIENTES

- **Calabaza moscada**
- **2 cucharadas de aceite de coco**
- **Sal marina al gusto**
- **2 o 4 cucharaditas de cebollino bien picado**

1. Precalienta el horno a 190 °C.

2. Corta la calabaza en dos mitades, a lo ancho. Reserva la parte más ancha, la que tiene las semillas. (Puedes hacer con ella patatas de calabaza al horno, usando la misma técnica). Pela la parte que no tiene semillas con un pelador de patatas, y luego córtale el rabo. Corta el cilindro que queda en rodajas muy finas (lo ideal para ello es una mandolina, pero también te irá bien un cuchillo afilado).

3. En un bol, mezcla las rodajas de calabaza con el aceite de coco, la sal y el cebollino. Es importante que queden bien cubiertas de aceite, de modo que si la calabaza que has usado es más grande de lo normal, echa más aceite.

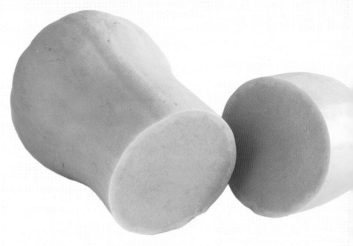

4. Coloca las rodajas de calabaza en una bandeja de horno en una sola capa y hornéalas durante 20 minutos, dándoles la vuelta a los 10 minutos y echándoles un vistazo de vez en cuando , pues quizás tengan diferente grosor unas de otras, dependiendo del utensilio. Los crostinis estarán listos cuando estén crujientes y tostados por algunos sitios. Espolvoréalos con el cebollino fresco.

5. Deja que se enfríen, y si lo deseas, échales un poco más de cebollino. Ya puedes presentarlos junto a la ricotta con limón meyer o los besos de queso de cabra al estilo francés o el queso que te apetezca.

OTRAS SUGERENCIAS

Prueba este método de horneado con rodajas finas de calabacín, boniatos, nabos, zanahorias, tiras de puerros y hojas grandes de salvia: ¡con todo ello se pueden hacer unos magníficos crakers! Recuerda que no siempre te tienen que servir para tomar el queso, sólo basta con que aporten una textura crujiente. Con las hojas de salvia y los puerros, por ejemplo, no es posible tomar trocitos de queso como si fueran una cuchara, pero disfrutarás de su textura junto a quesos como el «hackeado» a las tres pimientas (pág. 129).

CRACKERS DE SALAMI

PARA 4 RACIONES

Descubrí este cracker una mañana en la que me apetecía tomar beicon pero no tenía en casa, de modo que freí un poco de salami y: ¡nació una estrella! Tan sencillo como delicioso. Enseguida empecé a darle otros usos, y recomiendo el salami que viene ya cortado, pues las rodajas uniformes hacen unos crackers más crujientes. Yo utilizo uno que no está curado, pero funciona tanto el curado como el que no lo está.

INGREDIENTES

- 12 rodajas finas de salami genoa o uno similar

1. Coloca las rodajas en una sartén caliente (del salami sale suficiente grasa para freírlo ligeramente).

2. Dale la vuelta para que se haga por ambos lados y quede igualmente crujiente. Es posible que se abombe un poco al hacerse, pero aplástalo un poco al darle la vuelta y quedará aún más crujiente (si quedan burbujas puedes rellenarlas con el Fromage Facile u otro queso cremoso).

3. Retira las rodajas y sécalas con papel de cocina. ¡ya tienes unos crakers de carne listos para servir!

OTRAS SUGERENCIAS DE CRACKERS DE CARNE

En una bandeja de quesos también van bien otros productos de charcutería, no es necesario que sean crujientes. Pero puedes hacer también crakers con beicon, panceta o incluso jamón, todo cortado en trocitos de bocado.

GALLETAS DE ACEITE DE OLIVA, PIMIENTA DE COLORES Y AJO

PARA 4 RACIONES

Las tiendas de quesos ofrecen todo tipo de galletas y panes crujientes, pero una opción casera improvisada siempre va bien.

INGREDIENTES

- **1 diente de ajo fresco**
- **4 tortillas de trigo, cuanto más gruesas, mejor**
- **Aceite de oliva virgen extra**
- **Sal marina**
- **Pimienta de colores molida**

1. Precalienta el horno a 175 °C.

2. Corta el diente de ajo por la mitad y frota con él las dos mitades de una tortilla cruda para darle sabor. Pinta las tortillas con el aceite de oliva y espolvoréalas con sal y pimienta.

3. Hornea las tortillas en una bandeja durante 15 minutos, y dales la vuelta cuando estén crujientes y algo doradas. Ya crujientes, échales más sal si es necesario y deja que se enfríen, pero sin apilarlas (no queremos que se ablanden con el vapor).

4. Sírvelas enteras o córtalas en trozos. Su sabor crujiente y picante va muy bien con el queso de cabra fresco y también con el ricotta con limón meyer.

OTRAS SUGERENCIAS DE GALLETAS SALADAS

Puedes también hacer galletas con pan de baguette, naan y tortillas de maíz, con todo ello resultan unas delicias muy crujientes. (También pueden freírlas en una sartén, y si usas grasa de pato conseguirás un sabor diferente). Espolvoréalas con comino, ralladura de limón, hierbas frescas, sales aromatizadas o incluso especias como la nuez moscada y la canela.

BESOS DE QUESO
DE CABRA AL ESTILO
FRANCÉS
(pág. 49)

CEREZAS ÁCIDAS,
TOMILLO Y PASTA
DE AVELLANAS
(pág. 226)

HIGOS CON ESPECIAS
Y VINO TINTO
(pág. 224)

TAPENADE DE ACEITUNAS
ESPAÑOLAS Y TOMATE
(pág. 228)

Fruta macerada
en alcohol: receta y fórmula

Quizás te hayas dado cuenta de esos lujosos recipientes de cristal que están ahora de moda. Abundan las mermeladas, compotas, conservas de frutas y cremas, las cuales pueden ser tan fascinantes como los propios quesos. Con estas fórmulas puedes hacer en casa una gran variedad de acompañamientos dulces y salados. Disfruta de cerezas, ciruelas, melocotones, peras, manzanas, uvas y cualquier otra cosa que te agrade. Cambiando el alcohol y los ingredientes, las combinaciones son infinitas.

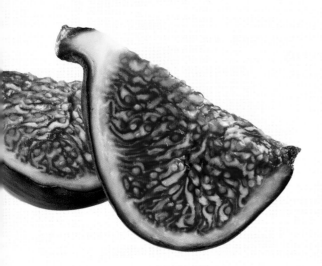

HIGOS CON ESPECIAS Y VINO TINTO
PARA 4 RACIONES
INGREDIENTES

- **2 cucharadas soperas de miel**
- **½ taza del vino tinto que elijas**
- **4 higos frescos**
- **¼ cucharadita de canela molida**
- **¼ cucharadita de clavo en polvo**
- **¼ cucharadita de jengibre molido**
- **¼ cucharadita de comino**

1. En una salsera pequeña bate la miel y el vino.

2. Corta los higos en cuartos y colócalos en un bol profundo.

3. Añade las especias a los higos y mézclalos bien.

4. Echa los higos en el vino y déjalos macerar 10 minutos.

5. Extrae los higos del vino y sírvelos con el burrata de mantequilla tostada o los besos de queso de cabra al estilo francés. Para hacer el postre más exquisito, rocía el queso con un poco de la salsa de vino.

NOTA Si tienes unos cuantos higos de más, guárdalos en un recipiente de cristal hasta que los necesites. En la nevera pueden conservarse durante meses, cuanto más tiempo estén en el vino, más sabor tendrán.

¡O BIEN PUEDES HACER UN BUEN REGALO CON ELLOS!

FÓRMULA DE LA FRUTA MACERADA EN ALCOHOL

No puedes equivocarte mezclando y combinado fruta fresca con alcohol. Sigue la fórmula que encontrarás más abajo y, al cabo de nada, estarás listo para seguir por tu cuenta. Irás viendo cómo la fórmula te inspira aún más combinaciones. Sé parco con el alcohol fuerte, pues necesitarás sólo un poco (en comparación con el vino). Haz los ajustes que creas necesario: si la fruta que usas es agria o no es suficientemente dulce, añádele miel; y si es muy delicada, sumérgela poco tiempo. De no ser así, sigue adelante y ten en cuenta que el zumo y el alcohol que sobren son en sí mismos una *delicatessen*, una bebida deliciosa.

Utiliza una o dos piezas de fruta, un licor y tantos ingredientes como puedas controlar. Sigue los pasos de la receta.

BASE
(1 o 2 tazas)

(más una cucharada de miel o de un edulcorante similar si la fruta no es demasiado dulce).

Higos frescos, melocotones blancos o amarillos, albaricoques, ciruelas, peras, uvas, cerezas, fresas, frambuesas, moras, arándanos, caquis.

CUERPO
(De un chorrito a ½ taza)

Licor de naranja (o cualquier otro), limoncelo, ron, brandy, wisky (sólo un chorrito), vino tinto, vino blanco.

ADITIVOS VARIOS
(¼ de cucharadita)

Menta fresca o albahaca, canela en rama o molida, clavos, anís, peladura de limón o naranja fresca o confitada, jengibre fresco o confitado, vinagre balsámico, pimienta.

Fruta fresca y pasta de frutos secos: receta y fórmula

Los higos y los «pasteles» de frutos secos son exquisiteces que se encuentran en comercios especializados. Se presentan en cuñas o en piezas redondas, y con mayor frecuencia en rodajas junto a las tablas de quesos. Dejando de lado el clásico pan de higos, se pueden hacer muchas variaciones con albaricoques, piña e incluso unas sencillas manzanas. Usa la receta y la fórmula que te presento para hacer tus propias versiones y deleitar tu paladar.

CEREZAS ÁCIDAS, TOMILLO Y PASTA DE AVELLANAS

PARA 4 RACIONES

INGREDIENTES

- **1 taza de cerezas ácidas deshidratadas (o cualquier tipo de cerezas deshidratadas)**
- **½ taza de manzanas deshidratadas**
- **¼ de taza de avellanas**
- **½ cucharadita de tomillo fresco picado**
- **Una pizca de sal**

1. Sumerge la fruta deshidratada en 1 taza de agua muy caliente durante unos 5 minutos para ablandarla un poco. Escúrrela y sécala bien.

2. Echa la fruta y el resto de los ingredientes en el vaso de un minirobot de cocina, si tienes uno, y tritura todo unos pocos segundos para que quede una textura uniforme. Como alternativa, pícalo todo bien con un cuchillo. Córtalo todo bien de manera que los trozos de manzana no sean más grandes que la uña del dedo meñique (es opcional, puedes cortarlo más grande si deseas darle un toque más rústico).

3. La mezcla debe quedar compacta después de cortarla (si es necesario, añade más fruta). Coloca la mezcla sobre un trozo de papel de horno y recoge los extremos para hacer una especie de fardo o paquetito.

4. Retuerce los extremos del papel hasta formar una bola apretada. Presiónala por todos los lados para que la fruta y los frutos secos queden bien ligados, después colócala sobre una superficie plana para darle una forma redonda.

5. Desata el paquete, y ya lo tienes listo para zampártelo. (¡Incluso queda bonito sobre el papel de horno!). Para cortarlo en rebanadas o rodajas y presentarlo en una bandeja, déjalo enfriar en la nevera (unos 30 minutos como mínimo).

FÓRMULA PARA HACER PASTA
DE FRUTOS SECOS Y FRUTA

Lo más importante es que la proporción de la fruta sea mayor que la de los frutos secos o las semillas que vayas a utilizar, a fin de que todo quede bien ligado.

CONSEJO En una sartén, tuesta ligeramente los frutos secos y las semillas: eso realzará su sabor.

Elije uno o dos ingredientes de cada columna y sigue los pasos de la receta de la página de al lado. Las cantidades son orientativas, utiliza las cantidades que quieras.

BASE
(1 o 2 tazas)

Uvas (blanca, de tamaño normal), cerezas deshidratadas, arándanos, caquis, mango, albaricoques, ciruelas, higos, manzanas, peras, piñas, plátanos.

CUERPO
(½ taza)

Avellanas tostadas sin cáscara, nueces, pistachos, anacardos, almendras, nueces de Brasil o macadamias, pacanas, semillas de girasol, semillas de calabaza.

ADITIVOS VARIOS
(½ cucharadita)

Menta fresca, tomillo, anís, alcaravea, pimienta, sal marina, cáscara de limón, jengibre, virutas de cacao.

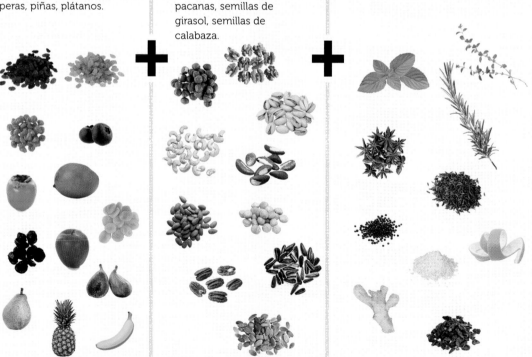

Tapenade:
receta y fórmula

Una tapenade es una pasta salada y sabrosa, espesa pero untable que, como la mayoría de mis condimentos favoritos (salsa, pesto y demás) puede mezclarse de muchas maneras. Tiene la virtud de transformar alimentos corrientes en exquisitos (y no sólo los quesos: las patatas al horno, el pescado y los sándwiches mejoran mucho con la tapenade). Es un plato tradicional procedente del mediterráneo francés, es aceitosa y sabrosa y generalmente contienen alcaparras y aceitunas, aunque no siempre tiene que ser así. Puede hacerse con cualquier cosa, desde champiñones a anchoas, y acepta los productos de temporada y convierte sus ingredientes en algo mágico.

TAPENADE DE ACEITUNAS ESPAÑOLAS Y TOMATE

PARA 4 RACIONES

Extiende tu tapenade sobre una tostada y cómetela con un queso suave que equilibrará el sabor salado. ¿Quizás con el Fromage Facile para seguir con el tema francés?

INGREDIENTES

- 1 taza de aceitunas verdes españolas sin hueso
- ¼ de taza de tomates para salsa, cortados en dados (en lata va bien)
- 1 diente de ajo pequeño
- La ralladura de un limón de cultivo biológico
- ½ cucharadita de orégano fresco
- Sal marina, al gusto
- Zumo de limón (opcional)
- Aceite de oliva

1. Echa todos los ingredientes (menos el zumo de limón y el aceite de oliva) en un minirobot, si lo tienes, y tritúralos hasta obtener una pasta gruesa pero uniforme. Si no tienes un robot, corta finamente los ingredientes con un cuchillo, o bien májalos en un mortero (y sigue al pie de la letra la tradición mediterránea).

2. Comprueba la sal y añade el zumo de limón y un chorrito de aceite de oliva si deseas que quede más untuoso. Mézclalo todo bien.

FÓRMULA DE LA TAPENADE

Crea tu propia tapenade ajustando a tu gusto la sal, la untuosidad, la textura y el sabor. Sigue más o menos las proporciones que indica la receta, pero déjate guiar por tu paladar.

(Nota: Puedes encontrar todos los ingredientes en lata o en botes. Pero, por supuesto, si tienes tu propio huerto, ésta es una gran ocasión para echar mano de tu plantación).

Elije uno o dos ingredientes de cada columna y sigue los pasos de la receta de la página de al lado.

BASE
(1 o dos tazas)

Aceitunas kalamata, aceitunas verdes españolas (rellenas, también), aceitunas negras sin hueso, alcachofas en vinagre, champiñones marinados, berenjenas asadas a la parrilla o espárragos asados.

CUERPO
(¼ de taza)

Alcaparras, pepinillos en vinagre, col china agridulce, tomates secos en aceite, tomates cortados a dados (frescos o en lata).

ADITIVOS VARIOS
(½ cucharadita)

Tomillo fresco, orégano, menta, eneldo, zumo de limón, aceite de oliva, ajo fresco o asado, anchoas, albahaca, pesto.

MEZCLA Y COMBINA:
Fórmulas infalibles para hacer cócteles y mócteles caseros

Con estas flexibles fórmulas caseras, podrás combinar las hierbas que te sobran de tus aventuras queseras con unos cuantos ingredientes básicos y, siguiendo estos consejos, prepararte para poder ofrecer a quien quieras un combinado estilo años cincuenta en tan sólo unos minutos. Además de esta receta, usa la fórmula para experimentar con diversos ingredientes (es curioso, después del primer cóctel, la creatividad echa a volar). En medio del entusiasmo que rodea todo esto, asegúrate de anotar las combinaciones que más te han gustado para la próxima vez.

Cóctel

Cambia con toda libertad las hierbas o los cítricos, o ajusta el dulzor. Esta receta constituye una maravillosa y refrescante limonada con hierbas y una amplia variedad de ingredientes frescos para complementar tu tabla de quesos; prueba a añadirle salvia, tomillo, menta ¡o incluso cilantro!

GINEBRA CON HIERBAS Y SODA

1 CÓCTEL - 1 RACIÓN

INGREDIENTES

- 2 ramitas de tomillo, separadas
- 1 ramita de lavanda
- ½ limón de cultivo biológico cortado en 2 trozos o 2 cucharadas de zumo de limón
- 2 cucharadas de sirope de ágave o de sirope natural
- 60 ml de ginebra
- Un poco de soda

1. Con el palo de una cuchara de madera, aplasta una de las ramitas de romero y la lavanda, y luego échalo junto a los dos trozos de limón en un vaso mezclador o en un vaso largo.

2. Añade el sirope y la ginebra y agítalo enérgicamente.

3. Viértelo en un vaso corto lleno de hielo y añade un poco de soda.

4. Adorna la copa con la segunda ramita de romero y dale un sorbo o bien sírvela.

VARIACIONES Y SUSTITUCIONES

- Utiliza ⅓ de taza de uvas verdes con 2 ramitas de menta fresca y 1 de tomillo y omite el limón y el sirope. Adorna la copa con un grano de uva.

- ¿Te sientes algo deshidratado? Sustituye la ginebra por más soda o agua mineral con gas y hazte un móctel.

- ¡Consulta la fórmula para hacer más!

FALSO-JITO
CON ALBAHACA
(pág. 232)

PANEER
CON CURRY
(pág. 67)

GINEBRA
CON HIERBAS
Y SODA
(pág. 230)

Móctel

FALSO-JITO CON ALBAHACA

PARA 1 MÓCTEL - 1 RACIÓN

La menta no es la única hierba refrescante que queda bien para los combinados. El sabor vigorizante de la albahaca da a este móctel un toque especial y hace de él una bebida inspiradora que calma la sed.

INGREDIENTES

- 5 hojas de albahaca fresca, y una hoja más para decorar, o 2 cubitos de hielos de albahaca (*véase* el recuadro de abajo).
- 1 taza de agua mineral con gas
- ½ taza de cubitos de hielo
- 2 cucharadas de sirope de ágave o de sirope natural o 2 dátiles medjool grandes y deshuesados
- 3 cucharadas de zumo de lima
- 1 rodaja de lima para adornar

1. Introduce en el vaso de la batidora las 5 hojas de albahaca, el agua mineral, los cubitos de hielo, el sirope o los dátiles y el zumo de lima, y tritura todo a la máxima potencia hasta que quede medio derretido.

2. Viértelo todo en un vaso largo o en un recipiente y decóralo con la hoja de albahaca y la rodaja de lima.

3. Sirve helado y con una pajita.

VARIACIONES Y SUSTITUCIONES

- Usa zumo de kumquat en vez del zumo de lima, y agua de coco en vez de agua mineral con gas. Decora con un kumquat.

- ¿Te gusta como está quedando pero te parece que falta algo? ¡Añádele un chorrito de ron! (O cualquier otro licor del cuadro adjunto).

- ¡Consulta la fórmula para hacer más!

¿NO VAS A USAR AHORA LAS HIERBAS (O LA FRUTA)? ¡HAZ CUBITOS DE HIELO CON HIERBAS (O FRUTAS)!

Si no eres muy hábil con las plantas o te encuentras con que tienes demasiadas hierbas, puedes hacer cubitos de hielo con hierbas, una manera fantástica de tener siempre a mano un sabor refrescante. Mezcla hierbas como albahaca, menta, melisa o lavanda con un poco de agua y guárdala en bolsitas para congelar, así dispondrás de sabores refrescantes al menos durante un mes. Puedes triturar la fruta y congelarla tal cual, sin agua. Es posible que tanto las hierbas como la fruta se oscurezcan un poco, pero seguirán manteniendo su sabor. Sustituye con ellas los cubitos de hielo de albahaca de la receta anterior, o utiliza los bonitos y sabrosos cubitos de hielo para enfriar el agua natural.

FÓRMULA PARA CÓCTELES Y MÓCTELES

Puesto que tus amigos desearán brindar con tus sorprendentes quesos, es posible que te apetezca obsequiarlos con una bebida refrescante en tu próxima fiesta. Esta carta será la base para un sinfín de creaciones, ya sean con alcohol o sin él. Utiliza algunos de los ingredientes de la lista de más abajo para hacer las recetas de cócteles y mócteles que te he dado, o siéntete inspirado y haz tus propias creaciones partiendo de las proporciones que se incluyen.

Elije un par de opciones de cada sección y juega con ellas. Inspírate en postres, cocina internacional, cócteles o alimentos de temporada.

BASE
(60 ml de licor, 180 ml de vino y bebidas sin alcohol)

Vino a elegir, vinos espumosos, champán, vodka, ginebra, ron, whisky, tequila, agua mineral con gas, soda, agua de coco, bebida de kombucha.

+

CUERPO
(1 o 2 chorritos, al gusto)

Infusiones (¡hacerlas es divertido!), amargo de angostura, cordiales, licores, vinagres, cítricos, frutas, zumo de tomate, tés fuertes o desteinados, té verde, earl grey, té de jazmín, darjeeling).

+

ADITIVOS VARIOS
(Entre 1 y 3, empieza poco a poco y ve añadiendo según vayas probando)

Hierbas frescas (menta, albahaca, salvia, tomillo, romero, lavanda, melisa, cilantro), piel de limón, jengibre, agua de rosas o de azahar, fruta fresca o congelada (bayas o frutos del bosque, uvas, melones), encurtidos, pepinillos, chili fresco, especias, sales.

Capítulo 5

LÁCTEOS ESENCIALES PARA HACER EN CASA

TRES RECETAS PARA LOS AMANTES DE LOS LÁCTEOS CASEROS

Después de todo lo que hemos visto juntos, me sentiría terriblemente mal si no te enseñara a hacer algunos productos lácteos básicos. La mantequilla y el ghee encajan bien con nuestro propósito de hacer recetas en una hora, pero el yogur y el queso con crema de yogur son de nivel 2 en cuanto a tiempo de espera se refiere. Afortunadamente, no podrían ser más fáciles, y una vez compruebes lo sencillo que es hacer todas estas delicias, estarás contento de contar en tu haber con todas estas habilidades.

Mantequilla

PARA APROXIMADAMENTE 250 ML

Entre las cosas que puedes hacer en casa, pocas hay tan deliciosas como la mantequilla. Bien vale la pena cada uno de los 20 minutos que se invierten en su elaboración.

INGREDIENTES

- 500 ml de nata líquida para montar (comprada o extraída de leche no homogeneizada)
- De ¾ a 1 litro de agua muy fría
- Sal al gusto (opcional)

UTENSILIOS

- Robot de cocina o batidora
- Espátula de madera
- Jarra de cristal con tapa
- Embudo pequeño
- Bol mezclador grande
- Bol mediano para recoger el agua cuando «laves» la mantequilla (opcional)
- Recipiente de barro (opcional)

NOTA La mantequilla elaborada a partir de leche de vaca alimentada con pasto fresco tendrá un color más amarillento que la mantequilla convencional debido al betacaroteno que contiene la hierba.

1 Vierte la crema en la batidora o robot y pon la tapa.

4 Sigue a alta velocidad hasta que los pedazos sean una sola unidad de mantequilla. Eso tiene que suceder en menos de 8 minutos. Al principio, verás, y oirás, que salpica, después oirás un ruido sordo, y de repente aparecerá una bola grande de mantequilla.

2 Inicia la máquina a baja potencia, después pasa rápidamente a media y después a máxima potencia (es para evitar que salpique demasiado).

3 Pasados unos 5 minutos, comprueba si hay una separación: La grasa (mantequilla) se separa del líquido (suero de la leche) y empiezan a formarse pequeñas porciones de mantequilla de color amarillo.

5 Utiliza la espátula para sujetar la mantequilla mientras echas el líquido –el auténtico suero– en una jarra (si es necesario usa un embudo). Tapa la jarra y guárdala en la nevera, después puedes hacer galletas o crepes.

6 Pasa la mantequilla a un bol grande (tan grande como sea necesario) para poder lavarla y prensarla.

7 Echa 250 ml de agua bien fría sobre la mantequilla y usa la espátula para removerla, digamos «lavarla».

8 Sujeta la mantequilla hacia atrás nuevamente mientras echas el suero lavado en un bol mediano, por si tienes en mente utilizarlo (puedes hervir arroz, usarlo para hacer una sopa cremosa o hacer panecillos o galletas con él, sustituyendo al agua.

NOTA Incorpora a la mantequilla blanda unas hierbas frescas finamente troceadas, perejil o cebollino, y disfruta de su sabor extendiéndola sobre cualquier cosa, desde unos sándwiches de pepinillo a unos huevos revueltos.

11 Presiona la mantequilla con un papel de cocina limpio si ves que tiene alguna gota de agua. Coloca la mantequilla en un cacharro de barro bonito o directamente añádela a la cazuela de asar patatas.

9 Repite los pasos 7 y 8 varias veces hasta que el agua salga clara (este procedimiento ayuda a que la mantequilla dure más tiempo). Después, añádele sal o salta al paso 11 si es que deseas hacer mantequilla sin sal.

10 Vuelve a escurrir la mantequilla un poco más, pues la sal hará que desprenda un poco más de humedad.

AGÍTALA, PERO NO LA ROMPAS (ALGO TAMBIÉN CONOCIDO COMO EL MÉTODO DE LA JARRA)

Si no tienes un robot de cocina o una batidora eléctrica, vierte la crema en una jarra con una tapa que cierre bien y agítala tanto como puedas. Yo lo hice en una cena con amigos. Hice pan para todo el mundo, y luego pasé la jarra. La persona que estuviera agitando la crema cuando ésta se separaba era la ganadora del juego.

Aunque tengas un robot de cocina, vale la pena que pruebes el método de la jarra al menos una vez, porque puedes sentir realmente en tus manos cómo aparece la mantequilla. Lava, escurre y sala la mantequilla siguiendo los pasos del 6 al 11. (¡Usa las dos manos!).

Sea cual sea el método que uses, al final tendrás auténtico suero de leche y auténtica mantequilla. (El auténtico suero de leche no es tan espeso como el que se encuentra actualmente en las tiendas, el cual está hecho a partir de la leche semidesnatada). Es más acuoso y no es ácido, pero es una alternativa suave y deliciosa para usar en cualquier receta que incluya el suero de leche.

Ghee (mantequilla clarificada)

PARA ALGO MENOS DE 250 ML

La ventaja que tiene el ghee sobre la mantequilla es que tienes su sabor, pero no humea cuando intentas cocinar con él. El ghee ofrece lo mejor de ambos mundos y puede dejarse a temperatura ambiente sin que se estropee. Es una grasa perfecta para hacer los crackers de plátano macho y pimienta molida (pág. 220) o los crostinis de calabaza y cebollino (pág. 221). Se trata de la grasa más utilizada en la cocina india, de modo que si decides hacer un plato con curry es importante que incluyas el ghee entre sus ingredientes. Por otra parte, puedes usarlo también como si fuera mantequilla, en los waffles o con las galletas.

INGREDIENTES

- 1 taza de mantequilla fría (más cantidad, si se desea)

UTENSILIOS

- Cazuela de 2 litros
- Cuchara grande de cocina
- Tamiz o cedazo de metal
- Filtros para el café o tela de muselina
- Jarra de cristal con tapa

1 Coloca la mantequilla fría en la cazuela y deja que se caliente a fuego lento, luego llévala a ebullición, a fuego medio. El proceso tardará unos 5 minutos si la mantequilla está fría. Comprueba si queda una sustancia blanca flotando en la grasa amarillenta.

4 Cuando por arriba haya menos espuma, es posible que veas que la parte sólida y cremosa de la leche se va al fondo de la cazuela. No pasa nada si la parte sólida se tuesta un poquito, pero el ghee tendrá un sabor más neutro si mantiene un color claro. No remuevas la mantequilla en este momento del proceso.

2 Cuando veas que la mantequilla hierve y hace espuma, reduce el fuego al mínimo.

3 La espuma debe desaparecer mientras que la mantequilla sigue hirviendo y se vuelve un poco dorada, unos 2 minutos.

5 Apaga el fuego cuando veas poca o ninguna espuma y compruebes que la parte sólida se ha separado del líquido dorado. Deja que el ghee se enfríe durante unos 20 minutos.

6 Forra el colador con los filtros de café o con la tela de muselina.

7 Echa en el colador para que pase a la jarra.

8 Quita la parte sólida del filtro de café, y deja el ghee en la jarra.

9 ¡Ya tienes tu ghee preparado! Cuando esté completamente frío, tápalo y resérvalo a temperatura ambiente. (Si deseas que quede sólido, puedes guardarlo también en la nevera).

CONSEJO Los trozos sólidos que quedan por encima, en la India se aprovechan. Prueba a usarlos con pan o con arroz. ¡Ñam!

Yogur de baja tecnología

CANTIDAD: 1 L

¿Hay algo más delicioso, sabroso, fácil de hacer y más antiguo que el queso? Pues sí. Contrariamente a la creencia popular, no es necesario tener una yogurtera para hacer yogur, con tan sólo unas cuantas cosas que tengas por casa y un poco de cultivo activo puedes hacer un buen yogur, con sus bacterias beneficiosas. A partir de ahí puedes hacer salsas dulces o sabrosas, yogur tipo griego e incluso queso cremoso (sólo con un poco de sal es extraordinariamente refrescante). Sin embargo, debes tener en cuenta que el yogur casero no contiene aditivos, como espesantes o gelatinas, por lo tanto no será tan espeso como el que compras en la tienda, aunque siempre puedes escurrirlo un poco al final para espesarlo.

PREP. Para evitar cualquier contaminación mientras fermentas la leche, hierve bien todo lo que vaya a estar en contacto con ella. (Nota: No hace falta decirlo, pero no comas ninguna ración que huela mal o tenga aspecto mohoso).

INGREDIENTES

- 1 litro de leche (la leche entera produce un yogur más nutritivo, mientras que la leche de cabra o la semidesnatada hace un yogur menos nutritivo y más ligero)
- Yogur natural con fermento activo (sin contenido extra de grasa)
- Fruta fresca, mermeladas, miel o sirope de arce, al gusto (opcional)

UTENSILIOS

- Cazuela de 1 litro
- Termómetro de cocina
- Cuchara grande para remover
- Cazo grande (opcional)
- Batidora manual grande
- Taza de 60 ml
- Elegir método de fermentación (*véase* pág. 246)
  a. Termo aislado
  b. Nevera de pícnic y dos jarras de cristal de litro con tapas
  c. Jarra de cristal de litro para el horno

1 Echa la leche en la cazuela y ponla a hervir (85 °C-90 °C). Vigila la cazuela para evitar que hierva la leche, y remuévela un poco de vez en cuando para que no se forme una capa de nata en la superficie.

2 Apaga el fuego y enfría rápidamente la leche, a 43,3 °C colocándola en una cazuela más profunda llena de agua fría.

3 Bate muy bien el yogur natural con la leche enfriada hasta que quede bien disuelto. Éste es tu punto de inicio.

6 Remueve el yogur frío para que tenga una consistencia más suave. (Y recuerda que el yogur hecho en casa no es tan espeso como el comercial, pues no contiene aditivos ni espesantes).

7 Disfruta de tu yogur natural añadiéndole fruta fresca, mermelada, miel o sirope de arce. También puedes añadirle frutos secos, hierbas y sal si deseas hacer algo sabroso y salado.

NOTA Reserva una cuarta parte de tu yogur natural como punto de inicio para la siguiente remesa.

4 Vierte inmediatamente la leche preparada en el termo o la jarra, cierra el envase y deja que la leche fermente durante el tiempo que requiera el método de fermentación que hayas elegido (pág. 246). En cualquier caso, más tiempo significa un sabor más ácido.

5 Tras la fermentación, el yogur estará caliente y algo líquido. Enfríalo en la nevera al menos durante 2 horas para que acabe de fermentar, espese y tome sabor. (¡Vale la pena esperar! Un yogur caliente y espeso es un gusto adquirido).

RESOLUCIÓN DE PROBLEMAS

¿Resultados un tanto sorprendentes? Tienes que tener en cuenta que la mayoría de los problemas de fermentación del yogur tiene que ver con poder mantener la misma temperatura durante el tiempo necesario, pero existen unos cuantos temas que también debes saber.

- ¿Tiene la preparación aspecto de yogur pero no sabe a yogur? Deja que fermente un poco más en un sitio caliente echándole un vistazo cada 4 horas.

- Si la leche con fermento se enfrió demasiado rápidamente, vuelve a calentarla a 43,3 °C –¡pero no más o matarás el cultivo!– y vuelve al paso 4.

- ¿Sabe el yogur a yogur pero te ha quedado líquido? Prueba a darle más tiempo de fermentación así como de enfriamiento y asentamiento, si es necesario. Comprueba como va cada 4 horas en cada caso.

- ¿Ves que hay mucha separación entre el yogur y el suero? Mézclalo o escúrrelo y toma nota para acortar el tiempo la próxima vez. (Esa separación no estropeará nada, aún seguirá siendo un gran yogur).

- Si no pasa nada después de 24 horas, tendrás que desecharlo y empezar de nuevo. Las bacterias quizás eran demasiado viejas o débiles.

MÉTODOS ESPECÍFICOS DE FERMENTACIÓN

Aminora la marcha en cuanto a elaborar yogur en casa se refiere. Cuanto más dure la fermentación, más ácido será el yogur y más actividad probiótica tendrá, pero sea cual sea el método de los que aquí se explican que utilices, 24 horas es un tiempo correcto. Por otro lado, si te puede la impaciencia, puedes probar el yogur con una cuchara limpia tan pronto como veas que la leche se ha espesado (algo que sucede a las 6 horas de haberse iniciado la fermentación, dependiendo del calor y de la época del año). Si para tu gusto no está suficientemente agrio, déjalo que fermente más tiempo.

TERMO

RECIPIENTE DE CRISTAL

a. Termo aislante de 1 litro Vierte en el termo la leche caliente (43,3 °C) con el fermento y ciérralo bien. Deja que fermente la leche durante 12 horas (o hasta que tenga el sabor y la textura que buscas).

b. Nevera de pícnic y dos recipientes de cristal de 2 litros Llena un recipiente con agua calentada a 85 °C y ciérralo herméticamente. Vierte la leche caliente (43,3 °C) con el fermento en el otro recipiente y tápalo herméticamente. Coloca ambos recipientes en la nevera de pícnic. Cierra la cremallera de la nevera y deja que la leche fermente en ese entorno cálido durante 24 horas (o hasta que tenga el sabor y la textura que buscas, prueba el sabor tal como he indicado antes).

c. Un recipiente de cristal de 1 litro en el horno con la luz encendida, y precalentado a 93,3 °C durante 5 minutos. Vierte la leche con el fermento en el recipiente y ciérralo herméticamente. Apaga el horno e introduce en él la leche en él, lo más cerca posible de la luz del horno. Cierra la puerta del horno y deja que la leche fermente durante 24 horas (o hasta que tenga el sabor y la textura que buscas).

¿QUIERES QUE EL YOGUR ESPESE O QUEDE TIPO QUESO CREMOSO?

Para espesar el yogur, usa un trapo de cocina bien limpio para forrar un colador pequeño y pon debajo de éste un bol (¿te suena?). Añade el yogur y deja que vaya escurriendo a temperatura ambiente hasta que adquiera la consistencia que desees. Puedes obtener un yogur tipo griego en 4 horas, un queso cremoso en 12 horas o ese queso mediterráneo llamado labneh en 24 o 48 horas si le añades sal antes de escurrirlo (2 cucharaditas en medio litro).

FUENTES, LECTURAS, MIS AGRADECIMIENTOS Y MÁS...

UTENSILIOS

Aquí tienes las direcciones donde puedes encontrar los utensilios o cualquier otra cosa de las que requieren las recetas del libro. Me produce cierta timidez incluir aquí mi propia página web, pero yo vendo los utensilios que te permitirán hacer bien las cosas.

urbancheesecraft.com (¡ésta es mi página!)
Equipo para hacer quesos en casa, cultivo de origen vegetal, ácido cítrico, sal, moldes, paños de cocina, estameña, consejos.

culturesforhealth.com
Cloruro cálcico y otros productos para la fermentación (para hacer yogur, encurtidos, chucrut, etc.).

williams-sonoma.com
Equipo para queseros urbanos, así como cacharros de cocina, coladores, cucharas, termómetros, tazas medidoras, etc.

etsy.com
Bandejas para quesos, platos de servir, tablas de cortar, cuchillos, boles y cosas bonitas.

thegrommet.com
Condimentos, crackers, chocolates, frutos secos, miel.

mountainroseherbs.com
Especias de cultivo biológico, mezclas, hierbas secas, flores comestibles, sales de cocina.

atthemeadow.com
Sales especiales, pimientas, chocolates.

amazon.com
Lo de arriba y todo lo demás.

MÁS INFORMACIÓN

Para más información escrita echa un vistazo a estos libros que me gusta tener en mi biblioteca de elaboración de quesos. Están ordenados atendiendo a su nivel de dificultad, de los más fáciles a los más exigentes, de modo que puedes complementar tu educación quesera en diferentes momentos del proceso de aprendizaje.

Home Dairy, de Ashley English (Lark Crafts, 2011)

The Cheesemaker's Apprentice, de Sasha Davies y David Bleckmann (Quarry, 2012)

Artisan Cheesemaking at Home, de Mary Karlin (Ten Speed Press, 2011)

Home Cheesemaking, de Ricki Carroll (Storey, 1982, 1996, 2002)

Mastering Artisan Cheesemaking, de Gianaclis Caldwell (Chelsea Green, 2012)

CONVERSIONES MÁS HABITUALES

LÍQUIDOS	
30 ml	2 cucharadas soperas
45 ml	3 cucharadas soperas
250 ml	1 taza
60 ml	¼ taza
75 ml	⅓ taza
90 ml	⅓ taza + 1 cucharada sopera
100 ml	⅓ taza + 2 cucharadas soperas
125 ml	½ taza
150 ml	⅔ taza
175 ml	¾ taza
200 ml	¾ taza + 2 cucharadas soperas
300 ml	1¼ tazas
325 ml	1⅓ tazas
350 ml	1½ tazas
375 ml	1⅔ tazas
400 ml	1¾ tazas
450 ml	1¾ tazas + 2 cucharadas
500 ml	2 tazas
600 ml	2½ tazas
900 ml	3¾ tazas
1 litro	4 tazas
1,4 litros	6 tazas
1,8 litros	8 tazas
3,8 litros	1 galón
7,6 litros	2 galones

TEMPERATURA*	
32,2 °C	90 °F
35 °C	95 °F
37,8 °C	100 °F
40,6 °C	105 °F
43,3 °C	110 °F
46,1 °C	115 °F
48,9 °C	120 °F
51,7 °C	125 °F
54,4 °C	130 °F
57,2 °C	135 °F
60 °C	140 °F
62,8 °C	145 °F
65,6 °C	150 °F
68,3 °C	155 °F
71,1 °C	160 °F
73,9 °C	165 °F
76,7 °C	170 °F
79,4 °C	175 °F
82,2 °C	180 °F
85 °C	185 °F
87,8 °C	190 °F
90,6 °C	195 °F
93,3 °C	200 °F
96,1 °C	205 °F

PESOS	
1/2 lb	175 g
3/4 lb	340 g
1 lb	454 g
1¼ lb	566 g
1½ lb	680 g
1¾ lb	794 g
2 lb	907 g

* Para convertir grados Farenheit a grados Celsius resta 32, luego multiplica por 5 y divide por 9.

Para convertir grados Celsius a grados Farenheit multiplica por 9, luego divide por 5, y después suma 32.

AGRADECIMIENTOS

Soy una gran fan de los libros de cocina y de los de manualidades. Siempre he apreciado el trabajo que se percibe claramente en todos ellos, y respeto enormemente a sus autores, pero nunca me hubiera imaginado que realizaran una tarea tan amorosa hasta que yo misma pasé por la experiencia de publicar un libro.

Ha sido mucha la gente que me ha ayudado a completar este libro.

En primer lugar, y ante todo, doy las gracias a Jeff: no tengo palabras, cariño. Te quiero. ¿Cómo es posible que haya tenido la suerte de tener a mi lado a alguien que me animara y a la vez no me quitara ojo de encima? Gracias por prepararme la cena a las tres de la mañana, por hacer que mis brazos de espagueti salieran seminormales en las fotos, y por lavar montones y montones de platos.

A mi mamá, Lupe, que me inculcó tanto un buen apetito como un espíritu «yo puedo». Gracias, mamá. Anhelo que consideres mi obra como un logro tuyo también, porque así es.

Gracias a mis amigos y familiares, demasiados para nombrarlos a todos, gracias por pedir continuas actualizaciones del libro (con destellos de orgullo en los ojos). Vuestro entusiasmo por probar y comprobar mis creaciones me enternecen una y otra vez. Espero que cada uno de vosotros comparta parte de vosotros mismos con el mundo: estoy muy agradecida de que lo hayáis hecho conmigo.

Mi agradecimiento público a Tami Parr, que generosamente compartió conmigo la propuesta de un libro y me animó a creer que yo también podía hacerlo, ¡gracias!

A Colleen Waldref le agradezco que se hiciera cargo del queso mientras yo escribía, probaba y reescribía. ¡No habría podido dejar los asuntos del día a día a un mejor vicepresidente de ventas y operaciones!

Muchísimas gracias a todos los clientes que han adquirido, al detalle y al por mayor, mis DIY Cheese Kits (kits para hacer quesos caseros). No habría escrito este libro de no haber sido por su interés en hacer queso en casa, pero su apoyo vale muchísimo más. Sus cariñosos correos electrónicos y las fotografías de sus magníficos quesos dieron significado a mi trabajo.

Deseo agradecer a Debbie Stoller que fuera una de las primeras fans de mi kit para hacer quesos caseros, por ser mi consejera empresarial, y por haberme puesto en contacto con Workman Publishing y con mi editora, Megan. ¡Serías una buena casamentera, Debbie!

No podría haber encontrado una editorial más colaboradora, talentosa y amable que Workman Publishing. Resulta que los libros no son sólo obra del autor, gran parte de ellos son el resultado de un trabajo en equipo.

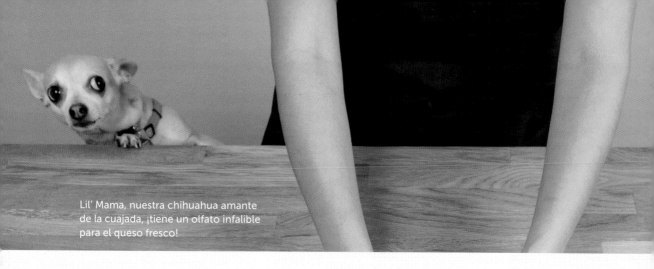

Lil' Mama, nuestra chihuahua amante de la cuajada, ¡tiene un olfato infalible para el queso fresco!

Agradezco diariamente a las estrellas que me guían que Megan Nicolay, mi editora, sea tal como es. Trabajar con ella ha sido un verdadero placer.

Y no puedo pasar por alto el trabajo de Liz Davis: gracias por tus amables palabras y tu experta mirada.

Las fantásticas fotografías de Anne Kerman y su sentido del humor marcaron un antes y un después desde mis miedos iniciales.

A Sarah Smith le agradezco su anticipado interés en hacer queso, así como su implicación en el diseño de mis DIY Cheese Kits (kits para hacer quesos caseros), que ha quedado bien patente en los detalles y el humor que muestra el libro. Gracias por cuidar de que el libro refleje tan bien mi estilo.

Sería imposible olvidarme de Lil' Mama, nuestra chihuahua amante de la cuajada. Mama: siempre estás ahí, dispuesta, ya sea estando despierta mientras hago queso a la una de la mañana (bueno, ya sé que eso se debe a que quieres probar un poco, pero aún así cuenta) o abrazándote conmi-

go al sol tras haberme pasado demasiado tiempo frente al ordenador. ¡Gracias, cariño!

¿Veis? Tengo mucha mucha suerte. ¡Adelante, equipo!

¡Y MUCHAS GRACIAS, LECTOR! DE NO HABER SIDO POR TI, ARTISTA MAÑOSO, AVENTURERO Y ENAMORADO DE LA COMIDA CASERA, ESTE LIBRO NO HABRÍA TENIDO LUGAR. ¡GRACIAS POR COMPARTIR MI AMOR POR EL QUESO FRESCO Y POR APOYAR MI TRABAJO!

Claudia

ÍNDICE ANALÍTICO

F

G

H

Q

U

Usos del suero, 31
Utensilios, 248
Uvas salteadas y jamón, 181

V

Varillas, 10
Verduras:
    Bocaditos de queso a la parrilla, 111
    Envueltos de lechuga con curry, 73
    Melocotones asados y, 55
Vinagres, 12

Y

Yogur:
    Quesos cremosos de yogur, 246
    Métodos de fermentación, 246
    Yogur de baja tecnología, 243-45
    Para espesar, 246

Z

Zumos de cítricos, 12-3, 71

ACERCA DE LA AUTORA

CLAUDIA LUCERO se ha pasado la vida interesándose por las cosas, aprendiendo, simplificando y enseñando lo que sabe. Todo empezó cuando ella era la hermana mayor y también la prima de más edad de una familia muy modesta. Su abuela le enseñó la belleza y el ahorro que conlleva cocinar con materias primas; su ingeniosa y habilidosa madre le enseñó a remangarse y tomar iniciativas. Rodeada, por fuerza mayor, del espíritu «hazlo tú mismo», no era extraño ver a Claudia con un rotulador permanente convirtiendo sus zapatillas de ballet de color rosa en unas de color negro para que le hicieran juego con el traje que necesitaba para una actuación, o inventándose dulces para las reuniones familiares con cualquier cosa que encontrara en casa (sin libros de cocina y antes de que hubiera Internet), lo cual solía acabar en un enorme pastel grasoso demasiado blando por el medio (acogido por sus generosos parientes con críticas entusiastas). Sus experimentos culinarios la han llevado a realizar unos platos innovadores y deliciosos a la vez, pero la aventura de hacer queso en serio empezó cuando en el 2009 creó los DIY Cheese Kits (Kits para hacer quesos caseros y el Urban Cheescraft (Quesos artesanos para urbanitas).

El salto de hacer queso como *hobby* a pasar a ser maestra quesera y empresaria ocurrió de manera natural: mientras aprende, enseña. Lo que empezó siendo para Claudia un negocio secundario en la página web Etsy acabó siendo una empresa a tiempo completo en 2011. En 2013 contrata a su primer empleado a tiempo completo y empieza a darse cuenta que el «Hazlo tú mismo» no siempre significa hacerlo *todo* tú mismo.

REGISTRO DE QUESOS

_____

_____

_____

_____

_____

_____

_____

_____

_____

_____

_____

_____

_____

_____

_____

_____

_____